Verlag
Jakob
van
Hoddis

"Sachliche Menschen
sind sentimental"

Klaus Dörner

TÖDLICHES MITLEID

Zur Frage der Unerträglichkeit des Lebens

oder: die Soziale Frage:

Entstehung
Medizinisierung
NS-Endlösung
heute
morgen

Mit einem Beitrag von Fredi Saal

Verlag Jakob van Hoddis

im Förderkreis
Wohnen – Arbeit – Freizeit e.V.

2. Auflage 1989

im Förderkreis Wohnen Arbeit Freizeit
Gartenstraße 4
4830 Gütersloh
Tel.: 05241 / 12014/15
Satz: Composer-Team Tagwerk
Druck: Werbe-Druck Poppe, Gütersloh
Umschlag und Typographie: Atelier Scheffer

ISBN 3 - 926278 - 11 - 0

Inhalt

Ermutigung zu dieser Arbeit verdanke ich besonders:

Klara Nowak, der 1. Vorsitzenden des "Bund der 'Euthanasie' – Geschädigten und Zwangssterilisierten",

Fritz Niemand, der als psychiatrischer Patient in Meseritz-Obrawalde dieselben Todesängste litt und Gesundheitsschäden davontrug wie ein Auschwitz-Häftling, bis heute aber entschädigungsunwürdig blieb,

Józef Bogusz, Prof. der Chirurgie und Medizin-Ethiker in Krakau, der mir die innere Möglichkeit eröffnet hat, nach Polen fahren zu können,

Götz Aly und Karl-Heinz Roth, die die These der Endlösung der Sozialen Frage durch die Nazis entwickelt haben,

Norbert Frei, der als erster Historiker den Nazionalsozialismus auch mit seiner Absicht der Endlösung der Sozialen Frage dargestellt hat, (Der Führerstaat, München: dtv, 1987, S. 142ff)

Oskar Lafontaine, der als erster Politiker das aussprach, was alle denken, daß nämlich bei der Durchsetzung des Rechts auf Arbeit mit den sozial Schwächsten, den Arbeitslosen anzufangen sei,

Richard von Weizsäcker, der als erster Bundespräsident und Politiker seit seiner Rede zum 8. Mai 1985 auch der ausgeschlossenen NS-Verfolgten gedenkt und der ihre Entschädigung bei seinem Besuch im Landeskrankenhaus Gütersloh einen "schrecklich verspäteten Handlungsbedarf" genannt hat.

1. Einleitung: Der Pannwitz-Blick

Pannwitz ist hochgewachsen, mager und blond; er hat Augen, Haare und Nase, wie alle Deutschen sie haben müssen, und er thront fürchterlich hinter einem wuchtigen Schreibtisch. Ich, Häftling 174517, stehe in seinem Arbeitszimmer, einem richtigen Arbeitszimmer, klar, sauber und ordentlich, und mir ist, als müßte ich überall, wo ich hinkomme, Schmutzflecken hinterlassen. Wie er mit Schreiben fertig ist, hebt er die Augen und sieht mich an. Von Stund an habe ich oft und unter verschiedenen Aspekten an diesen Doktor Pannwitz denken müssen. Ich habe mich gefragt, was wohl im Innern dieses Menschen vorgegangen sein mag und womit er neben der Polymerisation und dem germanischen Bewußtsein seine Zeit ausfüllte; seit ich wieder ein freier Mensch bin, wünsche ich mir besonders, ihm noch einmal zu begegnen, nicht aus Rachsucht, sondern aus Neugier auf die menschliche Seele.
Denn zwischen Menschen hat es einen solchen Blick nie gegeben. Könnte ich mir aber bis ins letzte die Eigenart jenes Blickes erklären, der wie durch die Glaswand eines Aquariums zwischen zwei Lebewesen getauscht wurde, die verschiedene Elemente bewohnen, so hätte ich damit auch das Wesen des großen Wahnsinns im Dritten Reich erklärt. Was wir alle über die Deutschen dachten und sagten, war in dem Augenblick unvermittelt zu spüren. Der jene blauen Augen und gepflegte Hände beherrschende Verstand sprach: "Dieses Dingsda vor mir gehört einer Spezies an, die auszurotten selbstverständlich zweckmäßig ist. In diesem besonderen Fall gilt es festzustellen, ob nicht ein verwertbarer Faktor in ihm vorhanden ist."[1]

Für den Auschwitz-Häftling Primo Levi hat es einen solchen Blick wie den des Dr. Pannwitz nie gegeben. Für den Rest seines Lebens bemühte er sich, bis ins letzte die Eigenart jenes Blickes zu erklären, jenes Blickes, der einen Menschen in ein Dingsda verwandelt, es in zu verwertende und auszurottende Faktoren zerlegend. Das vorliegende Buch ist mein Versuch, die Eigenart jenes Blickes zu erklären. Das Einmalig-Entsetzliche dieses Blickes – so hoffe ich nachweisen zu können – besteht nämlich darin, daß der Grad seiner Nacktheit und Selbstverständlichkeit, wie er nur in Auschwitz möglich war, es ein für allemal unabweisbar gemacht hat, daß er unter allen möglichen Verkleidungen und Selbsttäuschungen spätestens seit der Industrialisierung immer schon geübt und mit zunehmender Sehschärfe angewandt wurde. Und dies nicht nur von uns Deutschen, sondern von allen Bürgern der sich industrialisierenden Gesellschaften, soweit sie sich mit der "Sozialen Frage" beschäftigten, also mit der Frage: "Was machen wir Bürger mit denen, die nicht so sind wie wir, deren Leistungswert sie industriell unbrauchbar macht; wofür sind sie da und wie gehen wir mit ihnen um?"

Primo Levi selbst hat alle Menschengruppen, die zum Gegenstand der Sozialen Frage in den letzten 150 Jahren geworden sind, treffend beschrieben, indem er sich als typischen Auschwitz-Häftling durch den Blick des Dr. Pannwitz angesehen hat:

Für die Zivilisten sind wir in der Tat Unberührbare. Sie glauben – mehr oder weniger unverhüllt und mit allen Nuancen von Verachtung und Mitleid –, daß wir uns, um zu diesem Leben verurteilt worden zu sein, um auf diesen Zustand herabgesunken zu sein, mit wer weiß was für einer mysteriösen, ungeheuer schweren Schuld beladen haben. Sie hören uns in den verschiedensten Sprachen sprechen, die sie nicht verstehn und die in ihren Ohren grotesk, wie tierische Laute klingen; sie sehen uns auf das niedrigste versklavt, ohne Haar, ohne Ehre, ohne Namen, täglich geschlagen, täglich verworfener; niemals finden sie in unseren Augen auch nur eine Andeutung von Aufbegehren oder Friede oder Glaube. Sie kennen uns als diebisch, unzuverlässig, verdreckt, zerlumpt, ausgehungert und meinen, die Wirkung mit der Ursache verwechselnd, daß wir dieses Verworfensein verdient haben. Wer könnte unsere Gesichter unterscheiden? Wir sind für sie Kazet, Neutrum und Einzahl.[2]

Mit welcher Methode nun versuche ich, meinen Nachweis zu führen? Es ist, wie es einem Mediziner vielleicht ansteht, die Methode des Selbstversuchs. Durch meine Auseinandersetzung mit der Nazi-Zeit in den letzten 25 Jahren ist es mir immer erschreckender klargeworden, daß ich, vom Jahrgang 1933, in Kindheit und Jugend so durch die NS-Mentalität geprägt wurde und blieb, daß ich durch Identifizierung leichter mit den Tätern als mit den Opfern durchaus den Pannwitz-Blick beherrsche, er zum Spektrum meiner Möglichkeiten gehört, ich seine Logik und Ethik nachvollziehen kann, ihm freilich inzwischen – hoffentlich – auch nicht mehr willenlos ausgeliefert bin. Und als ausgemachter Bürger, der ich auch bin, kann ich die Entstehung des Pannwitz-Blicks inzwischen historisch zurückverfolgen und insbesondere die verschiedenen Antworten auf die Soziale Frage der sich industrialisierenden Gesellschaften mit der Logik und Ethik eben dieses Blickes nachschmecken. Dabei verstehe ich meine die Vergangenheit und Gegenwart miteinander verknüpfenden Überlegungen allerdings lediglich als Ausarbeitung der "Dialektik der Aufklärung" von Horkheimer und Adorno, [3] da dies Buch, wie ich meine, immer noch bis heute dem Pannwitz-Blick am ehesten nahegekommen ist. Daß ich bei der Behandlung der Sozialen Frage oft auf die Psychiatrie zurückgreife, liegt nicht nur an meinem psychiatrischen Beruf, sondern mehr noch daran, daß der bürgerliche Verwertungs- und Ausrottungsblick immer wieder am frühesten und härtesten zum Pannwitz-Blick wurde, wenn er auf die Untergruppe der psychisch Kranken traf.

Lange hatte ich geglaubt, daß mein Selbstversuch, durch den ich mich als Nazi empfinden kann, meine private Überempfindlichkeit sei. Nachdem ich aber einiges davon durchaus mit Bangen in mehreren Vorträgen, zunächst in Krakau, dann in der Bundesrepublik öffentlich gemacht habe, erlebte ich immer wieder dasselbe: In der Diskussion und mehr noch hinterher unter vier Augen haben mir Leute meiner Generation gestanden, daß es ihnen ähnlich gehe, daß sie sich bloß nie getraut hätten, ihre Möglichkeit des Nazi-Seins sich oder anderen zuzugeben. Insofern richtet sich mein Buch zunächst einmal an die Angehörigen meiner Generation, also an Leute, die etwa in den 12 Jahren zwischen 1927 und 1939 geboren wurden. Mit meiner Eröffnung, die manche als Bekenntnis oder als Beichte verstehen oder mißverstehen mögen, möchte ich sie ermutigen, sich ebenfalls offenzumachen, weil in mir und in ihnen die Chance liegt, die NS-Prägung zugeben zu können, ohne ihr verfallen zu müssen. In zweiter Linie richtet sich mein Buch an die Generation, die älter ist als ich. Hier habe ich freilich wenig Hoffnung. Die früher mißlungene Auseinandersetzung mit unseren Vätern und Müttern wird sich nur im Einzelfall nachholen lassen. Zumeist, so ist mein Eindruck, sind die Älteren so sehr geprägt nicht nur vom Erleben, sondern von der Teilhabe an der Nazi-Zeit, daß sie nicht nur biographisch, sondern beinahe biologisch außerstande sind, das Gefängnis von Verteidigung oder Anklage zu sprengen, die vorzüglich organisierte Abwehr, die Nazis seien eben verbrecherisch gewesen, zu lockern und sich für einen Dialog verfügbar zu machen. Vor allem ist mein Buch daher auch sowohl Dank als auch Angebot an die jüngere Generation. Regelmäßig waren es in den letzten Jahren jüngere Leute, die mir Mut gemacht haben, mich selbst mehr zu öffnen, die aus größerem Abstand heraus sich der NS-Zeit besser nähern konnten als ich, die die Frage stellen konnten, was hätte ich damals gemacht, wenn ich davon ausgehe, daß die NS-Verantwortlichen persönlich wahrscheinlich nicht schlechter und nicht besser als ich gewesen sind, die also jenseits von Verteidigung und Anklage sich bereitfinden konnten, aus der NS-Zeit zu lernen für Vergangenheit, Gegenwart und Zukunft. Für mich begann das in der inzwischen legendären Arbeitsgruppe des "Mannheimer Kreises" in den Ricklinger Anstalten 1979, unter dem unmittelbaren emotionalen Eindruck des Holocaust-Filmes, woraus die Denkschrift der "Deutschen Gesellschaft für Soziale Psychiatrie" und das Buch "Der Krieg gegen die psychisch Kranken"[4] entstanden und daraus die meisten übrigen Anstöße zum Denken, Lernen und Handeln der letzten Jahre. Dieser jüngeren Generation möchte ich mich als Zeitzeuge zur Verfügung stellen, als jemand, der Nazi sein kann, aber nicht muß.

Ich möchte die zentrale These meines Buches hier vorwegnehmen: Es ist das Geheimnis des Pannwitz-Blicks und zugleich die entscheidende Absicht der Nazis gewesen, der Welt am Beispiel Deutschlands ein einziges Mal zu beweisen, daß eine Gesellschaft, die sich systematisch und absolut jedes sozialen Ballastes entledigt, wirtschaftlich, militärisch und wissenschaftlich unschlagbar sei, eine Absicht, die sich auch nur schwer widerlegen läßt, wenn man die Logik und Ethik der Industrialisierung konsequent zu Ende denkt, insofern auch eine Absicht, die in der Tradition der fortschrittlichen Moderne gut abgesichert ist.

Es versteht sich, daß damit zugleich die Frage nach dem Menschen gestellt ist, die Frage, ob und wo es eine Grenze zwischen Mensch und Ding gibt, auch ob wir Unmenschliches vom Menschen abgrenzen können. Adolf Gawalewicz, Auschwitz-Häftling, der mir in Krakau nicht nur Gastgeber, sondern in den letzten Wochen seines Lebens auch Freund geworden ist und dessen Buch "Im Warteraum zum Gas" in der nächsten Zeit endlich auch auf deutsch erscheinen wird, hat es im Gespräch mit mir so ausgedrückt: "Wenn Auschwitz eins bewiesen hat, dann das, daß der Mensch weit über die Grenzen hinaus, die man früher gesehen hat, Mensch ist." Und Primo Levi:

Mensch ist, wer tötet. Mensch ist, wer Unrecht zufügt oder leidet; kein Mensch ist, wer jede Zurückhaltung verloren hat und sein Bett mit einem Leichnam teilt. Und wer darauf gewartet hat, bis sein Nachbar mit Sterben zu Ende ist, damit er ihm ein Viertel Brot abnehmen kann, der ist, wenngleich ohne Schuld, vom Vorbild des denkenden Menschen weiter entfernt als der roheste Pygmäe und der grausamste Sadist. Ein Teil unseres Seins wohnt in den Seelen der uns Nahestehnden: darum ist das Erleben dessen ein nicht-menschliches, der Tage gekannt hat, wo der Mensch in den Augen des Menschen ein Ding gewesen ist. [5]

Aber was haben wir nun von alledem für unsere Gegenwart und Zukunft, was können wir daraus lernen? Wenn mich nicht alles täuscht, wird sich die Soziale Frage in der nächsten Zeit für uns ein weiteres Mal zuspitzen. Und wenn mich nicht alles täuscht, ist in uns allen zumindest als Möglichkeit das, was ich als entscheidende Absicht der Nationalsozialisten beschrieben habe, in Logik und Ethik durchaus weiterhin lebendig. Heute sprechen wir bereits von der Ein-Drittel-Gesellschaft. Wenn im Jahre 2030 ein Drittel unserer Bevölkerung über 65 Jahre alt sein wird und wenn durch Fortschreiten der Automatisierung in Industrie- und Dienstleistungsbereich ein weiteres Drittel für die Wirtschaft zu unflexibel, zu langsam, zu dumm, in jedem Fall aber überflüssig sein wird, dann werden wir nur noch von der Ein-Drittel-Gesellschaft sprechen können und danach fragen müssen, wofür die restlichen zwei Drittel eigentlich noch da sind. Die heutige Sterbehilfediskussion, die Begeisterung für das

Töten oder den Suicid von Behinderten, Alten und Sterbenden als Akt ihrer Befreiung, die Frage der Sterilisierung nichteinwilligungsfähiger Behinderter als Akt ihrer Befreiung, die Sorglosigkeit gegenüber der Massenarbeitslosigkeit und die Diskussion um die Gen-Technologie sind hinreichende Alarmzeichen, etwa vergleichbar der Situation von 1890, um uns unvermeidbar vor die Wahl zu stellen, ob wir dem Pannwitz-Blick in uns weiter folgen sollen oder ob wir ein anderes Bild des Menschen und der Gesellschaft uns zu eigen machen wollen. Jedenfalls sind die Entscheidungen, die wir heute treffen, nicht nur nach der Fern-Ethik im Buch von Hans Jonas "Das Prinzip Verantwortung" [6] weichenstellend dafür, wie wir oder unsere Kinder und Enkel im Jahre 2030 leben werden; denn dann werden Entscheidungen nicht mehr möglich sein. Es ist mir ein Trost, aber auch eine atemverschlagende Bestätigung meiner Sorgen, wenn ich hierzu zum Abschluß meiner Einleitung noch einmal Primo Levi zitiere; denn er, dessen Leben von der Einzigartigkeit seines Auschwitz-Aufenthaltes geprägt war, sieht selbst die Bedeutung von Auschwitz in der "Vorankündigung einer noch größeren Katastrophe":

Ich glaube, in den Schrecken des Dritten Reichs ein einzigartiges, exemplarisches, symbolisches Geschehen zu erkennen, dessen Bedeutung allerdings noch nicht erhellt wurde: die Vorankündigung einer noch größeren Katastrophe, die über der ganzen Menschheit schwebt und nur dann abgewendet werden kann, wenn wir alle es wirklich fertigbringen, Vergangenes zu begreifen, Drohendes zu bannen. [7]

2. Methode: meine NS-Geschichte

Hier geht es also um die Methode meiner Untersuchung. Ich selbst bin das Untersuchungsinstrument. Daher bin ich es dem Leser schuldig, mich ihm zu beschreiben in meiner grundlegenden und zu meiner Überraschung zum Teil auch bleibenden Prägung, in meiner erstaunlichen Fehleranfälligkeit und in dem bis heute erreichten intellektuellen und gefühlsmäßigen Augenmaß meiner Wahrnehmung. Es ist für mich immer noch verwirrend und erschütternd, durch wieviele Verirrungen ich hindurchgegangen bin, bis ausgerechnet die Selbstwahrnehmung meiner NS-Prägung und die Identifizierung mit den Tätern zur Voraussetzung dafür wurde, die Opfer als solche und wenigstens als Auch-Menschen wahrzunehmen, mich ihnen nicht nur intellektuell, nicht nur psychisch, sondern physisch zu nähern und zumindest für sie, vielleicht sogar auch ein Stück mit ihnen zu kämpfen. Eben diese durchaus leidvolle Bewegung hat mich befähigt, die Nazis auch als Bürger zu sehen, die genauso wie die Bürger vor und nach ihnen ihre Antwort auf die Soziale Frage gesucht haben, wobei ihr Versuch einer Antwort die Endlösung der Sozialen Frage war, gleichwohl aber gut eingebettet in die Tradition früherer und späterer, auch heutiger Lösungsversuche. Es ist mir durchaus auch peinlich, daß ich dem Leser nicht ersparen kann, mich ihm als Untersuchungsinstrument in meiner sehr privaten und subjektiven Entwicklung zu beschreiben. Ich kann das nur wagen in der Überzeugung, daß über diesen Umweg eine höhere oder zumindest vollständigere Ebene objektiver historischer Wahrheit zu erreichen ist. Und es ist sicher auch kein Zufall, daß mir dieser Weg der privaten Selbstentblößung zuerst 1986 in Krakau gelungen ist, also in Polen als dem Land, das von den Nazis am systematischsten nicht nur der außenpolitischen, sondern auch der sozialpolitischen Vernichtung unterworfen wurde.

Die biographisch-historische Besonderheit meiner Existenz fängt nicht nur damit an, daß ich Ende 1933 geboren bin. Vielmehr bin ich exakt 14 Tage nach dem 30. Januar 1933, also nach der Machtergreifung Hitlers, gezeugt worden. Ich bin also "ein Kind des Vertrauens zum Führer". So nannte man damals das "demographische Wunder", daß 1933 bis 1935 in Deutschland viel mehr Kinder geboren wurden als in den Jahren davor, verursacht durch die Begeisterung der Deutschen für den Nationalsozialismus. Schon ab 1935 nahm die Begeisterung wieder ab und damit auch die Zahl der geborenen Kinder. Dabei waren meine Eltern keine besonderen Nazis. Sie waren einfach Mitläufer, fanden es gut, daß wieder Ordnung in Deutschland einkehrte, die Menschen mehr zu essen bekamen, die bedrohlich herumlungernden Arbeitslosen von der Straße kamen und dafür die bürgerlichen Frauen auch abends ruhiger auf die Straße gehen konnten, ohne Anmache, Raub oder Schlimmeres befürchten zu müssen. Was mit Bevölkerungsgruppen jenseits ihrer gut-bürgerlichen eigenen Kreise geschah, konnte sie nicht beunruhigen, das waren die "anderen". Sie haben mir immer wieder erzählt, daß sie nach der schweren und gefährlichen Geburt meiner älteren Schwester eigentlich kein weiteres Kind mehr haben wollten, sie aber so erleichtert gewesen seien über den Wahlsieg der Nazis, womit die Hoffnung auf eine neue, schönere und sozial friedlichere Zeit anbrach – so sei ich dann eben doch passiert. Mein Vater war praktischer Arzt im Ruhrgebiet und genoß es, daß seine Arbeit nun eine weit höhere gesellschaftliche Anerkennung erfuhr als je zuvor. Meine Mutter, zuständig für das gesellschaftliche Niveau des Haushaltes, sorgte dafür, daß mein Vater unter einem fadenscheinigen Vorwand wieder aus der SA austrat: diese Leute waren ihr zu proletarisch. Es war ein Zufall, daß mein Vater statt dessen nicht in die ordentlichere SS eintrat. Als Erzieher waren meine Eltern ebenfalls Mitläufer: Sie haben mich nicht bewußt nationalsozialistisch erzogen, aber auch nicht gegenteilig, d.h. sie haben mich den allgemeinen Erziehungseinflüssen der Schule und der Hitlerjugend, ein wenig reserviert, aber sonst kommentarlos, anvertraut. Die Wiederaufrüstung hat mein Vater, auch im Hinblick auf seine eigenen Erlebnisse im Ersten Weltkrieg als Genugtuung empfunden. Man liebte Wagner und rümpfte über die westliche Neger-Kultur die Nase. Kurz vor Kriegsbeginn 1939 wurde ich eingeschult. Am Beispiel meiner älteren Schwester lernte ich, daß ein "anständiger Deutscher" Kriegstagebuch zu führen hatte. So habe ich buchstäblich anhand der Kriegsberichterstattung Lesen und Schreiben gelernt, trug mit allmählich besserer Schreibfähigkeit täglich die Veränderungen der Kriegslage in mein Tagebuch ein, freute mich über die Siege der deutschen Truppen, während der

Umgang mit den "inneren Feinden", die außerhalb der "Volksgemeinschaft" standen, also mit Kommunisten, Juden, Asozialen oder psychisch Kranken, so selbstverständlich war, daß er nicht mal eines Kommentars bedurfte: Im Gegensatz zu den äußeren Feinden waren die inneren Feinde Nicht-Menschen, kommen daher in meiner Erinnerung auch gar nicht erst vor. Meine Dickleibigkeit und meine schlechten Noten im Sport brandmarkte meine Schwester mit der Bemerkung: "Du bist die Schande der Familie", was mich noch lange nach dem Krieg ein negatives Verhältnis zu meinem Körper haben ließ und mich zu allen möglichen asketischen Korrekturübungen veranlaßte, was ich noch während des Krieges mit dem besten Schießergebnis in meiner Jungvolk-Gruppe kompensierte. Trotz vieler Luftangriffe und Evakuierungen war mein Glaube an den Endsieg unerschütterlich, wie auch mein Vater noch im Januar 1945 in einem Brief an meine Mutter den Endsieg beschwor. So konnte ich 1945 auch nicht als Befreiung, sondern nur als Zusammenbruch erleben. Die Kriegsverbrecherprozesse in Nürnberg verfolgte ich intensiv am Radio. Ich weinte heiße Tränen über die dort verhängten Todesurteile, hängten doch die Besatzungsmächte die Helden meiner Kindheit auf. Inzwischen waren die Lehrer in den Nachkriegsjahren aufgefordert, mich über die Verbrechen und Greuel der Nazis aufzuklären und mir die Werte der Demokratie beizubringen. Ich merkte, daß die meisten Lehrer dies halbherzig taten. Entsprechend lernte ich mit dem Kopf, Demokrat zu sein, während sich mein Gefühl dieser Umerziehung widersetzte. Um weiterhin Patriot zu sein, riß ich heimlich Wahlplakate der KPD ab. Meine Eltern brachten mir bei, daß man nicht mit Jugendgruppen Verkehr haben durfte, die sich "Edelweißpiraten" nannten: das seien Kommunisten, Asoziale, Untermenschen. Als ich in einer Straßenschlacht mit Jugendlichen dieses Arbeiterviertels durch einen Steinwurf eine nicht unerhebliche Augenverletzung davontrug, war dies Urteil meiner Eltern für mich höchst sinnfällig bestätigt. In meiner etwas verspäteten Pubertät nutzte ich als Protest gegen meinen Vater das, was ich in der Schule über den Kopf gelernt habe. Ich beschimpfte ihn: "Was habt ihr Schweine gegen die Nazis getan?" und freute mich an der Hilflosigkeit meines Vaters. Meine Angriffe haben weder ihm noch mir viel genützt. Erst später konnte ich sehen, daß schon dies keineswegs *meine* Auseinandersetzung mit den Nazis war, sondern daß ich für den Generationskonflikt lediglich die Nazizeit als Material benutzt hatte.

1954 begann mein Medizinstudium. Ich schloß mich einer Studentengruppe an, die in die DDR fuhr, um dort die Werte der westlichen Demokratie zu demonstrieren. Vielleicht kann man sagen, daß ich damals ein Stück von der Teil-Wahrheit auslebte, die heute der Historiker Nolte verkündet. Unvergeßlich ist mir die gefühlsmäßige Freude, als 1956 bei einem Universitätsfest viele Studentenverbindungen Heidelberg für mich in ein schwarz-weiß-rotes Fahnenmeer tauchten. Mein Herz war also immer noch schwarz-weiß-rot, wenn auch mein Kopf bereits schwarz-rot-gold geworden war. So blieb ich gespalten. Erst in den 60er Jahren schlugen meine Gefühle allmählich um: ich wurde Marxist, studierte als zweites Fach Soziologie und Geschichte und trat dem "Sozialistischen Deutschen Studentenbund" (SDS) bei, setzte mein Studium in West-Berlin fort. Durch die Brille der marxistischen Theorie, die aber wohl immer noch nicht meine eigene Brille war, lernte ich eine theoretisch fundierte Ablehnung des Faschismus kennen. Jahrelang setzte ich mich jetzt auch in Seminaren mit dem Antisemitismus auseinander. Das kratzte meine Gefühle zumindest an, aber mehr auch nicht, wie sich später zeigen sollte. In Anwendung des jetzt Gelernten auf meine Medizin schrieb ich einen ideologiekritischen Entlarvungs-Aufsatz über die bürgerliche Medizin und ihr NS-Vernichtungsprogramm psychisch kranker und geistig behinderter Menschen. Mit dieser Arbeit, die mich schon erschütterte, hatte ich den Eindruck, meine Auseinandersetzung mit dem Nationalsozialismus endgültig abgeschlossen zu haben. Auch dies war ein fundamentaler Irrtum, wie sich später herausstellte, da ich den Nationalsozialismus lediglich durch die Brille des Rassismus sah, aber nicht erkennen konnte, daß dieser Rassismus hauptsächlich ein propagandistisches Manöver war, um die Volksgemeinschaft zusammenzuhalten und um von der eigentlichen Absicht der Endlösung der Sozialen Frage abzulenken, da man die Volksgenossen noch nicht für reif genug hielt, sie offen mit einer solchen tiefgreifenden Operation zu konfrontieren. Zwar nahm ich engagiert an der Studentenbewegung von 1968 teil und gründete mit gleichaltrigen psychiatrisch Tätigen die "Deutsche Gesellschaft für Soziale Psychiatrie" (DGSP), um die politische Haltung der Studentenbewegung in meinen beruflichen Alltag zu transportieren und um für die Verbesserung der menschenunwürdigen Lebensbedingungen der psychisch kranken Mitbürger zu kämpfen. Das war immerhin ein bis heute bleibender Gewinn sowohl für mich als auch für die Humanisierung der Psychiatrie in der Bundesrepublik Deutschland.

Dann starb – für mich ganz plötzlich – 1972 mein Vater. Erstmals konnte mich etwas bis in den Grund meiner gefühlsmäßigen Persönlichkeit erreichen und treffen: Offensichtlich hatte ich mich doch nach Austausch, Dialog, Begegnung mit meinem Vater gesehnt; dies würde ich nun nie mehr nachholen können. In diesem schmerzhaften und totalen Ausnahmezustand träumte ich in der Nacht nach der Beerdigung meinen Vater – und zwar mit dem väterlich lächelnden Gesicht Adolf Hitlers. Dieses mich entsetzende Erlebnis vermittelte mir aber auch zum ersten Mal ein Stück Einsicht in die Tatsache, daß mein Leben auf der Kindheitsebene immer noch mit dem Nationalsozialismus verflochten war und daß wir Kinder der Täter – auch ohne es zu wollen – immer in der Gefahr sind, die Kontinuität des Denkens und Handelns unserer Vorväter für uns unmerklich fortzusetzen. Aber auch das war noch nicht genug. Wenige Jahre später starb mein wichtigster psychiatrischer Lehrer, Bürger-Prinz, von mir in manchen Hinsichten wie ein Vater verehrt. Erst nach seinem Tode wurde mir klar: Bürger-Prinz war ein prominenter Psychiater, auch in der Nazizeit, naturgemäß in die psychiatrischen Vernichtungsprogramme der Nazis verstrickt – wie alle anderen. Mit dem Kopf wußte ich das genau. Obwohl ich nun aber mit Bürger-Prinz 15 Jahre lang ein enges Verhältnis hatte, von gegenseitigem Vertrauen geprägt, obwohl ich mit ihm über alle möglichen Probleme gesprochen habe und obwohl ich wußte, daß er mir auf jede Frage eine für ihn wahre Antwort gegeben hätte, habe ich ihm nie eine Frage nach den psychiatrischen Vernichtungsprogrammen der Nazis gestellt – trotz des Umstandes, daß ich mich mit dem Kopf intensiv und wissenschaftlich mit der Nazi-Psychiatrie seit langem beschäftigt hatte. Darüber hinaus hatte ich ganz ungeprüft, was für mich nicht gerade üblich ist, die Legende über Bürger-Prinz übernommen und auch schriftlich weiterverbreitet, daß er die psychiatrischen Vernichtungsaktionen in Hamburg verhindert habe. Erst nach seinem Tode ist mir meine Wahrnehmungsverzerrung und meine Verdrängung aufgefallen, konnte ich darüber nachdenken. Heute kann ich die jetzt für mich unfaßbare Tatsache, daß ich Bürger-Prinz nicht nach der Nazi-Psychiatrie gefragt habe, nur damit erklären, daß ich Angst davor hatte, eine Antwort von Bürger-Prinz zu bekommen, die das Bild meines verehrten Lehrers zerstört hätte. Somit verdanke ich der Verarbeitung seines Todes ein weiteres Stück Einsicht, daß nämlich auch über das Lehrer-Schüler-Verhältnis die Gefahr der unschuldigen Tradierung und der Kontinuität menschenvernichtenden Denkens und Handelns, wenn es sich nur um die "anderen", um die "Soziale Frage" handelt, auch in den Jahrzehnten der Nachkrigszeit bestanden hat und sicher auch heute noch besteht. Eine Parallele hierzu: Vor einigen Jahren hatte ich ein langes Gespräch mit einem Arzt, dessen erste ärztliche Tätigkeit nach dem Staatsexamen, als begeisterter Nationalsozialist, darin bestand, die Gashebel einer Euthanasie-Tötungsanstalt zu bedienen. Für mich heute glaubhaft sagte er: "Den Gedanken, daß es Mord war, was ich tat, konnte ich erst nach 1945 denken und seither kann ich nichts anderes denken." Wie wäre es mir ergangen?

Ein weiteres Stück Einsicht zur Veränderung meiner Wahrnehmung und zur Hinterfragung meines eigenen Pannwitz-Blicks verdanke ich dem Jahr 1979. Der Holocaust-Film, von distanzierteren Leuten als künstlerisch und politisch fragwürdig gescholten, hat es zustande gebracht, mich in meinen tieferen, kindlicheren Gefühlsschichten zu erreichen. Ich erlebte die in dem Film gezeigte Verbindung zwischen rassischen und psychiatrischen Vernichtungsaktionen der Nazis zum ersten Mal nackt. Ähnlich ist es anderen, meist Jüngeren gegangen. Denn es war in dieser Situation möglich, auf der alljährlichen Fortbildungsveranstaltung der DGSP in den Ricklinger Anstalten eine Arbeitsgruppe zu diesem Thema zustande zu bringen, deren intensive Ernsthaftigkeit der Bereitschaft zur Übernahme der Verantwortung für die Verbrechen der deutschen Psychiatrie nicht nur bei mir bis heute fortwirkt. Aus dieser Arbeitsgruppe entstand die Denkschrift der DGSP zum 1. September 1979, dem 40. Jahrestag des Beginns des Zweiten Weltkrieges, d.h. zu dem Datum, das wir in der Denkschrift als "den Beginn des Vernichtungskrieges nicht nur nach außen, sondern auch nach innen" bezeichnet haben. Aus dieser und ähnlichen Initiativen ist die Bewegung der 80er Jahre entstanden, durch die inzwischen die meisten Psychiatrischen Krankenhäuser, Einrichtungen für geistig Behinderte und Erziehungseinrichtungen, ausgehend von jüngeren Leuten als ich und oft gegen schwere Bedenken der Älteren, bereit sein konnten, sich mit ihrer eigenen Geschichte auseinanderzusetzen. [8] Nicht nur bei mir, sondern auch bei anderen ist mir aufgefallen, daß dies nur dadurch ermöglicht wurde, daß Menschen von heute in der Lage sind, es wieder enger zwischen sich und den Tätern von damals werden zu lassen, wie es jemand einmal ausgedrückt hat. Erst wenn wir Bürger die bisher so erfolgreiche Verdrängungsabwehr probeweise einmal fallenlassen können, die NS-Täter-Bürger als abnorm und Verbrecher anzusehen, erst wenn wir Bürger uns probeweise mit den NS-Täter-Bürger zu identifizieren versucht haben, besteht überhaupt die Chance, daß wir auch den Blick für die Opfer, für die Opfer nicht nur als Auch-Menschen, sondern als Menschen, riskieren können. Der für mich ebenso beschämende wie schlagende Beweis dafür: 1984 haben wir die alljährliche Gütersloher Fortbildungswoche unter dem Thema "Fortschritte der Psychiatrie im Umgang mit Menschen" erstmals ganz der Auseinandersetzung mit der NS-Psychiatrie gewidmet. [9] Dies war immerhin das erste Mal, daß in der Bundesrepublik ein ganzer Kongreß sich mit dieser Frage beschäftigt hat. Bei der üblichen Pressekonferenz zu dieser Tagung stellten mir Vertreter der lokalen Presse die Frage-:"Jetzt wollen Sie eine ganze Woche lang über die psychiatrisch Verfolgten und die anderen vergessenen NS-Opfer reden; das mag gut sein, aber haben Sie auch schon einmal versucht, mit den Opfern zu reden?" Diese Frage war ein weiterer Keulenschlag für mich. Denn obwohl ich mich nun schon seit mehr als 20 Jahren systematisch mit diesem Thema beschäftigt hatte und obwohl ich über die beschriebenen biographischen Ereignisse meinen Blick durchaus auch schon stückweise erweitert hatte, war mir selbst diese Frage, diese naheliegendste Frage aller Fragen noch nie gekommen. Der Menschen verdinglichende Pannwitz-Blick war trotz allem immer noch vorherrschend geblieben, hatte mich erfolgreich daran gehindert, mich auch nur zu fragen, ob man mit den “anderen“, mit den Gegenständen der Sozialen Frage von Mensch zu Mensch reden könne. Die hilfreichen Pressevertreter organisierten ein weiteres Pressegespräch, durch das ich in den Zeitungen unserer Region den noch überlebenden Opfern der NS-Psychiatrie meine Gesprächsbereitschaft signalisierte. Seither habe ich dutzende Gespräche mit Überlebenden der Zwangssterilisierung und der Euthanasie-Aktionen geführt, mit Menschen, die übereinstimmend immer wieder gesagt haben, daß ihre Isolierung in der Nachkriegszeit nicht weniger schlimm als die Diskriminierung in der NS-Zeit für sie gewesen ist, Gespräche, die für beide Seiten hilfreich waren. Andere Krankenhäuser sind unserem Beispiel gefolgt und haben so versucht, die Verantwortung für die Kontinuität zumindest zwischen NS-Zeit und Nachkriegszeit zu übernehmen. Inzwischen gibt es den “Bundesverband der “Euthanasie“-Geschädigten und Zwangsterilisierten“, viele Ortsgruppen, gegenseitige Hilfe und Beratung und den mühsamen Kampf um die Anerkennung der Verfolgung und die Rehabiltation zu Bürgern der Bundesrepublik.

So, nun kennen Sie einigermaßen den Entwicklungsstand des Untersuchungsinstrumentes für meinen nachfolgenden Bericht. Sicher dürfte sein, daß mir noch weitere schmerzhafte Blickerweiterungen bevorstehen auf dem Weg meines Versuches, alle Menschen meiner Gesellschaft als Menschen wahrnehmen zu können. Gesichert aber dürfte auch sein, daß der Weg über die Identifizierung mit den Tätern und mit den Opfern zumindest eine Chance bietet, den Nationalsozialismus als das brutalste aller denkbaren Vergrößerungsgläser zu sehen für die früheren und die späteren Lösungsversuche der Sozialen Frage, deren Besonderheiten, vor allem verdinglichende Besonderheiten uns ohne dieses Vergrößerungsglas bisher verborgen geblieben sind – und dies nicht ohne Grund, da wir als Bürger immer auch Täter der Sozialen Frage sind. Wenn ich Glück habe, wird anhand meines Berichtes auch deutlich werden, daß der Historikerstreit der letzten Jahre auch deshalb so blaß, intellektuell und oberflächlich geblieben ist, weil beide Seiten den Nationalsozialismus nicht auch als Versuch der Endlösung der Sozialen Frage wahrgenommen haben: auch Historiker sind schließlich Bürger-Täter.

3. Unsere Industrialisierungs-Geschichte

Armut und den mal mehr menschenfreundlichen, mal mehr unfreundlichen Umgang mit ihr hat es immer gegeben. Doch erst die Industrialisierung schuf komplementär die "Soziale Frage", die man auch die "Asoziale Frage" nennen könnte, machte sie zu einem organisatorischen Grundsatzproblem und hielt sie zugleich als "Frage" permanent in der Schwebe: Ein Teil der Bevölkerung war grundsätzlich "fragwürdig" geworden. Wie ist das zu verstehen? Die industrielle Revolution begann im fortgeschrittenen England 1750, in Frankreich um die bürgerlich-politische Revolution herum und in Deutschland wegen der Kleinstaaterei verzögert zwischen 1800 und 1850. Die Umstellung der Wirtschaft auf die industrielle Produktionsweise erforderte:

1. Kapital für die großen Investitionen zur Erstellung einer Fabrik,
2. technische Erfindungen,
3. Verfügbarkeit einer wachsenden Zahl geeigneter Arbeiter, da die Wirtschaft sich jetzt zunehmend nach Marktgesichtspunkten entwickelte. Und
4. mußten die Bürger sich durch die bürgerliche Revolution vom staatlichen Zwang befreit haben, um als freie Privatunternehmer durch freie Arbeitsverträge über freie (nämlich jetzt nicht mehr ständisch geschützte) Arbeiter verfügen zu können.

Da die damit einhergehende fortschreitende Rationalisierung erst das Kleinbauerntum, dann das Handwerk und Kleingewerbe zu zerstören begann, hatte man zunächst genug arbeitslose Arbeitskräfte. Doch diese reichten bald nicht mehr und waren vor allem auch keineswegs immer für die Fabrikarbeit geeignet. Denn eben diese Frage der Eignung führte jetzt zu neuen Kriterien der bürgerlichen Vernunft im Sinne der industriellen Brauchbarkeit: Als vernünftig und damit brauchbar für das neue industrielle System galt jetzt zunehmend die Fähigkeit zur Anpassung an einen vielfältigen Normendruck, von der Pünktlichkeit bis zur Leistungsgleichmäßigkeit ohne individuell-physiologischen Rhythmus, die Fähigkeit, immer dieselben Handgriffe auszuführen, die Bereitschaft zum reibungslosen, monotonen Funktionieren, die Unterdrückung störender persönlicher Besonderheiten und Eigenarten sowie Kalkulierbarkeit und Vorausberechenbarkeit des Verhaltens über eine lange Zeit. Weder in der Landwirtschaft noch im Handwerk waren bisher je solche Tugenden gefragt gewesen. Dies war unvermeidlich, da die Maschinen und später der Verkehr immer kostspieliger und störanfälliger wurden, zunehmend diszipliniertes, genormtes und selbst-verbietendes Verhalten erforderlich machten. Zunächst in der Vorstellung und später mit wachsender Vollbeschäftigung in der Realität sollten nach Möglichkeit alle Nicht-Bürger über solche Fähigkeiten verfügen oder dazu umerzogen werden, während zeitgleich und gewissermaßen nebenan Goethe und Schiller das Ideal der autonomen Selbstbestimmung lehrten, gleichsam um die Bürger von den Nicht-Bürgern besser unterscheidbar zu machen. Da aber Menschen mit der optimalen industriellen Verfügbarkeit, wie gesagt, nicht allzu häufig waren, überprüfte man die damaligen gesellschaftlichen Randbereiche einschließlich der großen und unrentablen Umerziehungseinrichtungen für die Unvernünftigen aus der Zeit des aufgeklärten Absolutismus.[10] Man löste sie aber nicht einfach auf, sondern verteilte um, nach dem Motto, teile und herrsche! Nur die Brauchbaren nach den obigen neuen Kriterien der Vernunft kamen in die Fabriken, halfen, das Proletariat zu bilden. Für die anderen schuf man je nach der Art ihrer Unvernunft, Unbrauchbarkeit oder Asozialität Spezialeinrichtungen. Damit löste man die selbstgestellte Soziale Frage im Sinne der jetzt herrschenden Mentalität durch Institutionalisierung, Spezialisierung, Bürokratisierung und später sich daraus ergebender Verwissenschaftlichung. So entstanden zumindest die Grundzüge des heute noch gültigen sozialen Versorgungssystems. Die industriell unbrauchbaren Gruppen der Gesamtbevölkerung wurden zu einer ständigen öffentlichen und privaten Kostenlast, insofern ebenfalls gut administrativ und finanziell berechenbar. Diese tiefgreifende gesamteuropäische Umwälzung hatte gleichzeitig den produktivitätssteigernden Doppelsinn, einerseits die Produktionsstätten und die Städte zu befrieden, andererseits möglichst viele Familien von solchen zu pflegenden Mitgliedern zu "befreien", die – gemessen an der industriellen Vernunft – unnütze Ballastexistenten waren. So konnte aus der

Großfamilie die für den industriellen Produktionsprozeß zweckrationale Kleinfamilie werden, deren Mitglieder möglichst vollständig der industriellen Erwerbsarbeit verfügbar sein sollten. Im Zuge dieses Prozesses wurden zunehmend systematisch für unbrauchbare Alte Altersheime errichtet, für Pflegebedürftige Pflegeheime, für unversorgte oder störende Kinder Waisenhäuser und Kindergärten, für geistig Behinderte Idiotenanstalten, für Arbeitsscheue Arbeitshäuser, für Straffällige zum ersten Mal eigene Gefängnisse und für die Verrückten Irrenanstalten. Also auch das Gefängniswesen und die Psychiatrie sind Spaltprodukte der damaligen ersten Lösung der Sozialen Frage. Straftäter und Irre standen naturgemäß am Ende dieser Skala, erhielten daher auch die Einrichtungen mit dem umfassendsten Freiheitsentzug. Dies ist gut ablesbar an der Befreiung der Irren von den Ketten von Pinel, seinerzeit mehr ideologisch als real als Befreiungstat der französischen Revolution gefeiert, während in Wirklichkeit alle übrigen Gruppen der industriell Unvernünftigen bereits in dem neuen System untergebracht oder eben befreit waren, während die Irren die letzte Gruppe waren, für die dann die ersten Irrenanstalten geschaffen wurden. Dies ist keineswegs erstaunlich, sondern nach dem neuen System zwingend logisch, da von allen Randgruppen einer gedachten Gesellschaft die für den Menschen schlechthin im Unterschied zum Tier konstitutionelle Unberechenbarkeit seiner Handlungen bei der Gruppe der Irren am stärksten ausgeprägt ist, den Anforderungen der Industrie geradezu diametral entgegengesetzt. Um Mißverständnisse auszuschließen, sei hinzugefügt, daß die neuen Irrenanstalten natürlich nur für die "armen Irren" in Betracht kamen, da für psychisch Kranke aus bürgerlichen Familien nach wie vor viele andere Möglichkeiten vorhanden waren: von der Hauspflege über Hausärzte, Sanatorien bis zu den damals beliebten Bäderreisen in Begleitung.

Den Zusammenhang von Industrialisierung und Sozialer Frage kann man sich am besten mit Hilfe von Jeremy Bentham merken. Dieser berühmte liberale Nationalökonom und Philosoph legte einen geradezu technokratischen Organisationsplan für die industriell-kapitalistische Wirtschaftsgesellschaft vor. Das Gebot der Stunde, so meinte er, sei ein System möglichst perfekter und kostengünstiger Kontrollen. Als Antwort auf die von ihm so definierte Soziale Frage erfand er die "panoptischen Anstalten" [11]: Nach dem Prinzip des Spinnennetzes könne von einem zentralen Überwachungsraum aus im Idealfall eine Person alle davon ausgehenden Gänge mit den an ihnen liegenden Zellen oder Arbeitsplätzen kontrollieren. Dieses panoptische Prinzip, in vielen Varianten architektonisch verwirklicht und auch heute noch, wenn auch nur in Teilaspekten, vielerorts in Funktion, empfahl er gleichermaßen für Gefängnisse, Arbeits- und Waisenhäuser, für Altenheime, für Irrenanstalten und damals durchaus auch noch für Fabriken. Damit werden die Gemeinsamkeiten der nicht-bürgerlichen Gruppen der sich industrialisierenden Gesellschaften besonders deutlich.

Seither und bis heute fordert die Industriegesellschaft mit Hilfe der von ihr finanzierten Einrichtungen für die von ihr nicht gebrauchten Bevölkerungsteile Konzentration und Kontrolle. Ökologisch hat W.R. Wendt [12] denselben Prozeß folgendermaßen beschrieben: In früheren Jahrhunderten war die gesellschaftliche Einheit ein Haushalt (Oikos), bestehend aus einem Geflecht von Arbeitsbeziehungen und zwischenmenschlichen, sozialen Beziehungen einer kleineren oder größeren Anzahl von Menschen, wobei die Arbeits- und die zwischenmenschlichen Beziehungen kaum voneinander unterscheidbar waren. Leistungsfähigere und weniger leistungsfähige Menschen waren, von Extremen abgesehen, regelhaft in einer Lebens- und Arbeitsgemeinschaft miteinander verflochten. Im Laufe der Zeit, aber insbesondere seit der industriellen Revolution hat sich die Gesamtgesellschaft zunehmend in ein Wirtschaftssystem einerseits und ein Sozialsystem andererseits auseinanderentwickelt. Während das Wirtschaftssystem sich bemüht, immer wirtschaftlicher zu werden, d.h. mit möglichst nur leistungsfähigen und möglichst wenigen Menschen auszukommen, werden durch ebendenselben Prozeß immer mehr Menschen dem Sozialsystem zugewiesen, das immer "sozialer" wird, immer mehr Menschen umfaßt und sich seinerseits noch aufspaltet in die Gegenstände der sozialen Betreuung und die Veranstalter der sozialen Betreuung, Kontrolle oder Hilfe. Es entsteht also innerhalb des sozialen Systems das wachsende Heer solcher Menschen, die von sich behaupten "ich arbeite gern mit

Menschen" und auf diese Weise den ursprünglichen Sinn des Arbeitens als Selbstverwirklichung des Menschen durch Bearbeiten von Sachen ironisch abwandeln, während das ebenfalls wachsende Heer der Gegenstände der sozialen Arbeit vom ursprünglichen Sinn der menschlichen Arbeit als Selbstverwirklichung durch Bearbeiten von Sachen vollends abgeschnitten ist: Sie werden zwar von der sozialen Arbeit bearbeitet, also von den Sozial-Arbeitern und der wachsenden Zahl weiterer Spezialberufe, geraten also selbst auf die Ebene von Sachen, sind von der menschlichen Möglichkeit der Selbstverwirklichung abgeschnitten, sind also nur noch sozial. Und die nur-noch-soziale Daseinsweise muß sich stets selbst schon fragen, ob sie noch eine menschliche sei, lange bevor entweder die Sozial-Arbeiter, die zumindest dadurch bezahlt werden, oder die Mitglieder des Wirtschaftssystems sich fragen, wofür diese nur-noch-sozialen Existenzen, diese Gegenstände der sozialen Arbeit eigentlich da sind, ob sie nicht eigentlich überflüssig und Ballastexistenzen sind, nicht mal nur finanziell, sondern auch moralisch, allenfalls das Gefühl des Mitleids auslösend, das man sonst nur für Kinder oder Tiere hat. Wenn man es nicht lange Zeit als unanständig empfunden hätte, solche Gedanken auch öffentlich zum Ausdruck zu bringen, und wenn man nicht lange Zeit wunschgemäß und gewohnheitsmäßig mit Hilfe der klassischen christlichen Werte der Mildtätigkeit und Barmherzigkeit, die doch längst kein Motiv mehr für die Konstruktion dieses Sozialsystems gewesen sind, über diese Realität sich hinweggetröstet hätte, wie man es für einen anständigen Bürger erwarten konnte, dann hätte man schon viel früher von der Zwei-Drittel-Gesellschaft sprechen können.

Zum Schluß müssen wir den Prozeß der Entstehung der Sozialen Frage noch unter dem Aspekt der Philosophie betrachten. Wenn die klassischen Philosophen über den Menschen nachdachten, dann war es zumindest ihr Anspruch, sich über alle Menschen der Gesellschaft Gedanken zu machen, in der sie lebten. Auch dies änderte sich mit der Industrialisierung. Um nur die Gruppe mit der größten Gefährdung ihrer Verdinglichung, die psychisch Kranken zu nehmen, so hatten selbst noch die deutschen Idealisten wie Kant, Hegel und Schelling mit Selbstverständlichkeit auch eine Psychiatrie in ihrem philosophischen System, waren die psychisch Kranken in ihrem

Menschenbild integriert, standen die psychisch Kranken noch unter dem Schutz der Philosophen als den anerkannten Verallgemeinerern der Gesellschaft. Danach tauchen die psychisch Kranken bei den folgenden Philosophen nicht mehr auf, sind sie des Schutzes der Philosophie beraubt. Wohin sind nun die psychisch Kranken und die anderen Gruppen der Sozialen Frage verschwunden? Sie tauchen statt dessen wieder auf als Gegenstände derjenigen Spezialwissenschaften, die sich neu vom Kanon philosophischer Nachdenklichkeit emanzipiert und abgespalten haben, jeweils nur unter bestimmten Aspekten. Es sind dies etwa die neuen Einzelwissenschaften der Psychologie, Soziologie, Biologie, Pädagogik, Kriminologie, Nationalökonomie und Psychiatrie. Gab es um die Jahrhundertmitte herum noch Leute wie Comte, Marx, Darwin und Morel, die – gewissermaßen als ökologisches Durchgangssyndrom – einen Forschungsgegenstand noch zugleich etwa biologisch und sozial betrachten konnten, so hatten sich die genannten Einzelwissenschaften gegen Ende des Jahrhunderts mehr oder weniger vollständig verselbständigt. Hinzu kommt, daß manche dieser Wissenschaften ihre Gegenstände als Splittergruppen der Sozialen Frage nur noch als Insassen beforschten, da hier die Möglichkeit der systematischen Beobachtung am zweckmäßigsten war, wodurch sie den Zusammenhang ihres Forschungsgegenstandes von der Gesamtgesellschaft um so mehr aus den Augen verloren. Eine nahezu perfekte Insassenwissenschaft wurde die Psychiatrie gegen Ende des 19. Jahrhunderts mit dem Paradigma Kraepelins. Das Motto "teile und herrsche" hatte sich also über die Administrierung und Institutionalisierung in die Verwissenschaftlichung der Teile der Bevölkerung, die die Soziale Frage bildeten, fortgesetzt. Dieser Prozeß mit dem Verlust des philosophischen Schutzes ist in seiner Tragweite besonders schwerwiegend: Wer im Menschenbild einer Gesellschaft nicht mehr vorkommt, ist auch sonst nur schwerlich noch als Mensch zu erkennen und anzuerkennen – mit den entsprechenden Umgangsformen.

4. Die Medizinisierung der Sozialen Frage

Das letzte Drittel des 19. Jahrhunderts bringt einschneidende quantitative und qualitative Verschärfungen der sozialen Fragestellung. Wieder müssen wir den Landschaftswandel von mehreren Seiten beleuchten.

Zunächst zum Proletariat: Es hatte während der ersten Phasen der Industrialisierung eine Art Zwischenstellung zwischen der bürgerlichen Gesellschaft und den industriell unbrauchbaren, den nur-noch-sozialen Menschengruppen. Da man das Proletariat zumindest nicht vollständig der einen oder anderen Seite zuordnen konnte, wirkte es ungewollt auch als Bindemittel zwischen beiden Welten, hemmte Tendenzen der völligen Ausgrenzung der Unbrauchbaren. Das änderte sich jedoch mit dem Fortschreiten der Industrialisierung. Je mehr auch qualifizierte Facharbeiter benötigt wurden, je mehr das Proletariat durch Bildung von Gewerkschaften und Parteien sich als Arbeiterklasse organisierte und sich gegenüber den Unternehmern zu einem eigenen politischen Machtfaktor emanzipierte, wurde es allmählich ein wenn auch antagonistischer Bestandteil der bürgerlichen Gesellschaft. Dies wird besonders deutlich durch die Aufnahme in die Solidargemeinschaft der Bismarck'schen Sozialgesetzgebung, wurde gefördert durch den zunehmenden Nationalismus in der weltwirtschaftlichen Phase des Imperialismus und fand einen symbolischen Höhepunkt zu Beginn des Ersten Weltkriegs in dem Ausruf Kaiser Wilhelms: "Ich kenne keine Parteien mehr". Dieser Prozeß, durch den das Proletariat sich vom verdinglichten Ausbeutungsobjekt zur selbstbewußten Arbeiterklasse befreite, hatte aber zur wohl unvermeidlichen Voraussetzung die möglichst scharfe Abgrenzung und Distanzierung von den industriell Unbrauchbaren, den Menschen, nach denen nur die Soziale Frage gestellt werden konnte. Als Kampfmittel sowohl der Gewerkschaften als auch der Arbeiterparteien entstand das böse und höchst folgenschwere Wort vom "Lumpenproletariat", mit dem man zum Zwecke einer klassenbewußten Arbeiterpolitik, später Arbeitnehmerpolitik, nichts zu tun haben durfte und daher auch wollte.

Diese Operation, die natürlich nicht nur in Deutschland, sondern auch in allen anderen sich industrialisierenden Gesellschaften erfolgte, schuf die formale Voraussetzung, alle oder zumindest die meisten Gruppen der Sozialen Frage jetzt mit einem Oberbegriff bezeichnen und damit abgrenzen zu können – etwa mit Begriffen wie die Minderwertigen, die Asozialen, die Entarteten, die Untermenschen, später in den 30er und 40er Jahren des 20. Jahrhunderts auch die Gemeinschaftsunfähigen oder die Gemeinschaftsfremden. Der größten Verbreitung und des größten Unschuldsgefühls bei seiner Anwendung erfreute sich wohl der Begriff der Minderwertigkeit, weshalb ich ihn auch im folgenden bevorzuge. Indem dieser Begriff gesellschaftsfähig wurde, hatte eine solche Gesellschaft die Soziale Frage zur Wertfrage verschärft, hatte sich ein Selbstbild gemacht, wonach ein Teil seiner Bevölkerung hochwertig, ein anderer Teil minderwertig, ein Teil wert, ein anderer Teil unwert sei. Mit Wert war immer ein Komplex aus industrieller Brauchbarkeit sowie öffentlicher Wohlanständigkeit oder kommunikativer Anpassungsfähigkeit gemeint. Damit wird auch klar, daß der Begriff der Minderwertigkeit erst dann Anwendung finden konnte, als die Arbeiterklasse zumindest vom Grundsatz her als zur bürgerlichen Industriegesellschaft zugehörig empfunden wurde. Seither war ein Mensch in allen europäischen sich industrialisierenden Gesellschaften keineswegs immer auch ein Mensch; er konnte auch Unmensch oder Untermensch sein. Und kaum jemand fand etwas dabei.

Diese Verschärfung der Sozialen Frage, die ja nicht nur akzeptiert, sondern als Fortschritt der Emanzipation und der Wissenschaft wahrgenommen wurde, bedurfte aber nicht nur einer formalen, sondern auch einer inhaltlichen Voraussetzung. Damit ist der Wandel des vorherrschenden Umgangsstils mit den Menschengruppen der Sozialen Frage gemeint. Dieser war zu Beginn der Industrialisierung, noch stark der Tradition der ursprünglichen Aufklärung verhaftet, überwiegend ein pädagogischer. Nach dem Anspruch der Aufklärung war jeder Mensch, waren alle Menschen gleichermaßen mit Vernunft begabt, so sehr der äußere Schein hinsichtlich der Leistungsfähigkeit und der bürgerlichen Wohlanständigkeit auch dagegen sprechen mochte. In einem solchen Fall war die Kunst des Pädagogen gefragt, durch geeignete erzieherische Maßnahmen dem Betroffenen zum Gebrauch der ihm eigenen Vernunft zu verhelfen, wobei dies im Zeitalter der Industrialisierung durchaus auch die industrielle Vernunft sein konnte. Der Maßnahmenkatalog konnte von philanthropischer Überzeugungsarbeit über - in heutigen Begriffen - verhaltenstherapeutischen Konzepten bis zur terroristischen Unterwerfung der fehlgeleiteten Sinne und Leidenschaften reichen. In jedem Fall war es ein pädagogisches Vorgehen, womit auch anfangs noch die Philosophen einverstanden sein konnten, etwa wenn das Konzept in England als "moral management" oder in Frankreich als "traitement moral" bezeichnet wurde. Das änderte sich in dem Maße, wie die Medizin zunehmend beanspruchte, die besseren Antworten auf die Soziale Frage zu wissen. Dies wäre nicht besonders folgenschwer gewesen, wenn es noch die Medizin des 18. Jahrhunderts gewesen wäre, die für alle Zustände körperliche, psychische und soziale Ursachen gleichermaßen für möglich gehalten hatte und die ihrerseits auch noch weitgehend in die gesellschaftlich verallgemeinernde Philosophie eingebunden war. Es war aber die Medizin des 19. Jahrhunderts, die eindrucksvoll demonstrieren konnte, daß sie ihren expansiven Siegeszug wissenschaftlicher Fortschritte der Befreiung von dem unnützen philosophischen Ballast und der zunehmenden Beschränkung auf das Paradigma Newtons, also der physikalischen und chemischen Kausalität verdankte. Der Faszination konnte sich kaum jemand entziehen, daß es den Medizinern gelang, immer zahlreichere Regelwidrigkeiten des Menschen und des menschlichen Organismus auf körperliche Ursachen beweisbar zurückführen zu können. Nur so ist es zu verstehen, daß anläßlich der deutschen Revolution von 1848 eine der wenigen revolutionären Forderungen, die auch durchgesetzt wurden, darin bestand, daß die liberalen Mediziner die Ersetzung des Philosophikums durch das Physikum in der medizinischen Ausbildung erreichten. Wenn schon die (wenn auch sich selbst einengende) Medizin diejenige Wissenschaft im 19. Jahrhundert wurde, die die sensationellsten wissenschaftlichen Fortschritte und damit das größte gesellschaftliche Prestige aufzuweisen hatte, warum sollte sie dann auch nicht diejenige Wissenschaft sein, die die Soziale Frage lösen, die Endlösung der Sozialen Frage bewirken könnte? Gegenüber dem liebevoll pflegenden, endlos geduldigen Denkmodell des die Pflanze zur Entfaltung bringenden Gärtners der Pädagogik war das mit schneidenden, vergiftenden und diätischen Maßnahmen operierende Denkmodell der Medizin, der straffen Reduktion von Wirkungen auf eine Ursache verpflichtet, vermutlich schneller, kostengünstiger und damit effektiver. Entscheidend für den Kampf um die wissenschaftliche Vorherrschaft hinsichtlich der Sozialen Frage war wieder einmal der Bereich der Psychiatrie, was nicht verwundert, da man bei den psychisch Kranken am plausibelsten sowohl psychische als auch soziale als auch körperliche Ursachen unterstellen kann. Kant hatte noch die Irren, weil bei ihnen sich das Problem der menschlichen Freiheit stelle, für die Philosophie und damit für die Pädagogik reklamiert. Letztlich hat er den Kampf verloren. Spätestens um 1860 mochte kaum noch jemand Griesingers Schlachtruf widersprechen: "Geisteskrankheiten sind Gehirnkrankheiten". [13] Geradezu unschlagbar wurde das medizinische Denkmodell, als es auch noch das aus der Biologie übernommene Erklärungsmuster der Erblichkeit in sein Waffennarsenal aufnahm; denn jetzt konnte man mit Hilfe der Erblichkeitshypothese auch bei Regelwidrigkeiten, denen man therapeutisch noch nichts anhaben konnte, durch Verhinderung der Fortpflanzung eugenisch-präventiv und damit für die Gesellschaft kostensparend und segensreich wirken.

Einer der berühmtesten europäischen Ärzte der Wende zum 20. Jahrhundert und mit Sicherheit der bekannteste medizinische Sozialreformer und Experte für die Soziale Frage war August Forel. Seine liberale Fortschritts- und Wissenschaftsgläubigkeit ist repräsentativ für seine Zeit, daher soll er hier für seine gesamteuropäische Generation sprechen: "Durch Recht und Religion beherrscht und die soziale Hygiene vernachlässigend, verlangt die Medizin von den Ärzten, daß sie selbst das elendeste Geschöpf so lange am Leben erhalten, als nur möglich. Für einen Geburtshelfer ist es ein Triumph, die Geburt selbst der traurigsten Wesen zu ermöglichen und sie am Leben zu erhalten. Als Ärzte haben wir leider die Pflicht, das Leben der Idioten, der Entarteten, der geborenen Verbrecher und der Irrsinnigen so lange wie möglich zu erhalten; wir sind sogar verpflichtet, viele derselben, die sich selbst töten möchten, daran zu hindern." [14]
Dieser Text, der von fast jedem der führenden Psychiater der NS-Zeit

stammen könnte und der auch heute wieder von besonders fortschrittlich-liberalen Medizinern gedacht oder geschrieben werden kann, verrät die Verwandschaft von Sterilisierung und Euthanasie als medizinische Lösungsvorschläge für die Soziale Frage der industriell unangepaßten Menschen. Zum andern bezeichnet Forel hier seine beiden Hauptgegner, nämlich die konservativen Institutionen der Kirche und der Justiz. Beide veralteten, rückschrittlichen Einrichtungen müssen durch die Medizin besiegt werden, da sie dem technischen Fortschritt und der Emanzipation des Menschen im Wege stehen.

Was die Kirchen angeht, haben sich die Mediziner seit Ende des letzten Jahrhunderts gleich an die Arbeit gemacht und in einer Art Kulturkampf im Zeichen der wissenschaftlichen Liberalität den konservativen Pastoren die Macht in den kirchlich geleiteten Behinderteneinrichtungen allmählich abgenommen. In Bethel z.B. kamen seit Ende der 20er Jahre dieses Jahrhunderts nacheinander 2 besonders engagierte Psychiater an die Macht, zunächst Villinger, danach Carl Schneider, die beide alsbald mit Beginn des Dritten Reiches in der Zwangssterilisierung und der Euthanasie-Mordaktion führend waren. In der Geschichte des Umgangs mit der Sozialen Frage und mit den Minderwertigen ist es ein besonders trauriges, daher noch nicht geschriebenes Kapitel, wie die Kirchen, besonders die Evangelische Kirche, aus der Sorge, dem liberalen Zeitgeist nicht zu weit hinterherhinken zu dürfen, um die letzten Gemeindeschäfchen nicht zu verlieren, die ihnen in Sonderheit zugewiesene Rolle der Vertretung des unbedingten Lebensschutzes und der Gleichheit aller Menschen, ob behindert oder unbehindert, Stück für Stück verraten haben, bis sie in der NS-Zeit die Zwangssterilisierung in der Regel begeistert gefördert und, bis dahin schon allzu sehr liberal aufgeweicht, zum Widerstand gegen die Euthanasie-Mordaktionen nur zögernd gefunden haben.

Der Kampf der Mediziner gegen die Justiz war sicher weniger spektakulär, die Erfolge ließen länger auf sich warten, kamen und kommen aber schließlich doch. Ich zitiere noch einmal Forel: " Ich gestehe hier ganz offen, daß ich in den 90er Jahren an einem psychisch kranken Scheusal, das in meiner Anstalt sich befand und wegen

Schmerzen im Samenstrang die Kastration selbst verlangte, diese Operation vornehmen ließ, obwohl die Sache für mich mehr eine Vorbeugungsregel gegen Kindererzeugung durch den Kranken als einen Eingriff, seines persönlichen Leidens wegen , bedeutete. Ich ließ auch ein hysterisches 14 jähriges Mädchen kastrieren, deren Mutter und Großmutter Kupplerinnen und Dirnen waren und die sich bereits aus Vergnügen jedem Knaben auf der Straße hingab, weil ich dadurch der Entstehung unglücklicher Nachkommen vorbeugen wollte. Damals war es Mode, Hysterische therapeutisch zu kastrieren, und ich nahm diese Mode als Vorwand für mein Vorgehen, das in Wirklichkeit nur einen sozialen Zweck hatte.“ Forel fährt fort, indem er betont, es sei ihm darum gegangen, solchen Menschen “ihre Freiheit lassen zu können, die sonst z.B. durch Internierung in geschlossenen Anstalten beschränkt werden müßte“. [15] In heutigen Begriffen: Forel hat die damals erlaubte medizinische Indikation zum Sterilisieren vorgeschoben, um die von ihm eigentlich beabsichtigte soziale und eugenische Indikation durchzusetzen, wobei wir ihm auch seiner Ehrlichkeit danken müssen, mit der er zum Ausdruck bringt, wie schwer zwischen sozialer und eugenischer Indikation in der Praxis zu unterscheiden ist. Es ist daher bemerkenswert, daß der erste Entwurf eines Sterilisierungsgesetzes im Deutschen Reich von 1914 die Absicht hatte, das expandierende sozial-eugenische Sterilisieren durch Ärzte unter Strafe zu stellen, dies nur bei unmittelbarer Lebensgefahr zuzulassen. Der Beginn des ersten Weltkrieges hat es verhindert, daß aus diesem Entwurf ein Gesetz wurde.

Unübertroffen hat Forel das eigentliche gesellschaftspolitische Ideal und die diesem Ziel dienende Endlösung der Sozialen Frage für seine Ärztegeneration und damit auch für die bürgerliche Industriegesellschaft insgesamt folgendermaßen zum Ausdruck gebracht: “Wir bezwecken keineswegs, eine neue menschliche Rasse, einen Übermenschen zu schaffen, sondern nur die defekten Untermenschen allmählich... durch willkürliche Sterilität der Träger schlechter Keime zu beseitigen, und dafür bessere, sozialere, gesündere und glücklichere Menschen zu einer immer größeren Vermehrung zu veranlassen.“[16] Ist in diesem einen einzigen Satz nicht konzentriert zusammengefaßt, was die Medizin durch Lösung der Sozialen Frage zu konsequenten und endgültigen Industrialisierung der Gesellschaft beitragen wollte – und dies kontinuierlich bis heute unter Einbeziehung der freilich besonders konsequenten Episode des NS-Programms? Bringt Forel hier nicht auch schon zum Ausdruck, daß das Reden von der neuen Rasse und vom – möglicherweise nordischen – Übermenschen nichts als propagandistisches Getöse sei, Reklame-Verpackungsmaterial für das eigentlich beabsichtigte Liquidieren jeglichen sozialen Ballastes? War das nicht die Einlösung des Versprechens der Aufklärung und der französichen Revolution, mit der einen Einschränkung, der Freiheit des Menschen zuliebe die Gleichheit der Menschen zu opfern und die Brüderlichkeit auf die freien Menschen zu beschränken? Und war es nicht immer schon unser aller Ziel und ist es nicht heute auch noch unser aller Ziel, zu einer Gesellschaft mit immer "besseren, sozialeren, gesünderen und glücklicheren Menschen" zu kommen? Was war dann noch Besonderes am NS-Programm – außer der besonderen Konsequenz von uns Täter-Bürgern?

Freilich kann man wohl zu einer solchen Geschichtsauffassung der Moderne nur kommen, wenn man von einem Menschenbild ausgeht, wonach eben nicht nur die Täter-Bürger, sondern auch die Opfer-Minderwertigen, also die Gruppen der Sozialen Frage, die Gesamtbevölkerung darstellen und damit Subjekte der Geschichte sind.

Die Medizinisierung der Sozialen Frage hatte noch weitere Vorteile. Im letzten Drittel des 19. Jahrhunderts war die Industrialisierung soweit fortgeschritten, daß aufgrund des weiter gewachsenen Normendrucks hinsichtlich Leistungs- und Anpassungsfähigkeit weitere Gruppen der Gesamtbevölkerung aus der industriellen Brauchbarkeit herausfielen und zur anderen Seite der Minderwertigkeit hinzuzurechnen waren. Die medizinische Diagnostik von Menschen erleichterte dies erheblich: Während es natürlich immer schon Menschen mit sexuellen Auffälligkeiten gegeben hatte, wurden diese geradezu plötzlich seit den 60er Jahren des 19. Jahrhunderts zu Gegenständen der psychiatrischen Pathologie und Systematik. Über den Intelligenzquotienten wurde jetzt nicht nur Intelligenz, sondern zugleich auch soziale Anpassung meßbar und – je nach der Konjunktur – abgrenzbar. Das diagnostische Kriterium der Entartung mit seinen abenteuerlichen Stigmata bis zum angewachsenen Ohrläppchen leistete unschätzbare Dienste, da man jetzt in einem Bereich auch nur fraglicher industrieller Brauchbarkeit und Asozialität zu Feineinstellungen hinsichtlicher der Frage Eignung oder Ausgrenzung kommen konnte, ein Bereich, der später überwiegend von den Neurosen-Begriffen übernommen wurde. Lombroso schuf den "geborenen Verbrecher". Und in dieser Internationale europäischer liberal-fortschrittlicher Wissenschaftler war es der französische Psychiater Morel, ein katholisch engagierter Sozialreformer, der die ersten empirischen familiensoziologischen Feldstudien durchführte und – eben empirisch – immer nur dieselbe Generationsfolge fand: in der ersten Generation solcher dem Tode geweihter Familien fand er nur Entartungszeichen, in der zweiten Generation Geisteskranke, in der dritten Generation hirnorganische Störungen, weshalb in der vierten Generation diese Familie ausgestorben war. In den Begründungen seiner Befunde gelang es ihm, Elemente der christlichen Erbsünde und der modernen wissenschaftlichen Erblehre zu verknüpfen.

Eine merkwürdige Verdichtung dieser gesamteuropäischen Mentalität finden wir in den 90er Jahren des letzten Jahrhunderts. Die Angst der Bürger vor der erstarkenden Arbeiterklasse (obwohl diese zum Teil schon in die bürgerliche Gesellschaft integriert war), die Angst der Männer vor den sich emanzipierenden Frauen (ein Geschichtskapitel, das auch noch nicht geschrieben ist), die imperialistisch geschürte Angst vor der "gelben Gefahr" brachten einen Kulturpessimismus zustande, der nicht nur zu den ersten Blüten eines modernen, wissenschaftlichen Antisemitismus führte. Und nicht nur führte Forel 1892 seine ersten Sterilisierungen mit medizinisch-therapeutischer Verschleierung seiner eigentlich sozial-eugenischen Absicht durch. Sondern 1895 spielt A. Ploetz mit der Idee der Tötung von Kindern mit Mißbildungen. 1899 kämpft H. St. Chamberlain in seinem Hauptwerk für die Förderung der Kräfte des Fortschritts und für die Vernichtung der Kräfte des Verfalls, zu welchem Zweck er seinen Begriff der arischen Rasse schuf, wobei es ihm gleichgültig war, ob diese je existiert habe, da wir sie ja erst schaffen wollten. 1891 beschrieb J. L. A. Koch" die psychopathischen Minderwertigkeiten", womit er von Geburt an entartete, minderwertige und daher überflüssige Menschen meinte, ein Konzept, das sich unter dem Begriff des Psychopathen und später des Soziopathen durch das ganze 20. Jahrhundert hindurch gut behaupten konnte. Im selben Jahrzehnt entwickelt E. Kraepelin sein – von heute her gesehen – wissenschaftlich ähnlich unsinniges Konzept der "dementia praecox", die spätere "Schizophrenie" mit dem gesetzmäßigen Fortschreiten zum Defekt, zur Demenz, zur Versandung, zum geistigen Tod. Diese für die Betroffenen und ihre Familien schrecklichste aller psychiatrischen Erfindungen verdankt sich dem Umstand, daß wegen der industrialisierungsbedingten Ausweitung des unbrauchbaren Teils der Bevölkerung die verschiedenen sozialen Institutionen aus den Nähten platzen und durch immer neue Gründungen ergänzt werden mußten, vor allem das expandierende System der psychiatrischen Heil- und Pflegeanstalten, wie sie nun meist heißen. Kraepelin und viele Psychiater seiner Generation haben es sich immer wieder als Beitrag der Psychiatrie zur Lösung der Sozialen Frage und patriotisch zum Ruhm ihres jeweiligen Vaterlandes angerechnet, daß sie die in ihren Augen fast alle erbkanken Patienten zumindest über das fortpflanzungsfähige Alter hinaus in den durch eine Geschlechterachse getrennten psychiatrischen Krankenhäusern verwahrten, um auf diese Weise schon jetzt wenigstens eugenisch-präventiv wirken zu können, wo sie erst später therapeutischen Erfolg sich und anderen versprachen. Wie sehr für Kraepelin und Seinesgleichen der totale und endgültige Ausschluß der psychiatrisierten Patienten aus der bürgerlichen Industriegesellschaft selbstverständlich war, belegt der Umstand, daß Kraepelin, dem wir das heute noch weltweit geltende System psychiatrischer Krankheiten in den Grundzügen verdanken, zu seinem Konzept der "dementia praecox" nur dadurch kam, daß er seine empirisch sorgfältigen Beobachtungen der Entwicklung der Patienten bis zu ihrem "geistigen Tod" ausschließlich an Menschen unter lebenslänglichen Anstaltsbedingungen gewann, also eben nur "Insassenwissenschaft" betrieb. Wie Menschen mit Psychosen außerhalb von Anstalten in der bürgerlichen Freiheit leben können zu erforschen, wäre für ihn ethisch rückschrittlich und logisch undenkbar gewesen. Wie erfolgreich Kraepelin mit diesem Vorgehen war, läßt sich dadurch zeigen, daß erst in den 60er und 70er Jahren des 20. Jahrhunderts durch 3 große, europäische, biographische Langzeituntersuchungen Bleuler,

Ciompi/Müller und Huber nachweisen konnten, daß Kraepelins Befund des Fortschreitens der Schizophrenie zum geistigen Tod Unsinn war, etwas, was die meisten Familien, von denen ein Mitglied schizophren geworden war, jedem Wissenschaftler schon immer hätten sagen können. Schließlich fallen auch in dasselbe Jahrzehnt die Forschungen von Moebius, durch die er uns einerseits das Konzept der "Endogenität", also der erblichen Schicksalshaftigkeit der Psychosen bescherte und die ihn anderseits zum Konzept des "physiologischen Schwachsinn des Weibes" führte, wodurch er allen Frauen die industrielle Unbrauchbarkeit bescheinigte, sie somit der Sozialen Fragen zuordnete, von ihm durchaus menschenfreundlich als Schutz der Frauen gemeint. [17]

Bei solchen Verschärfungen des Umgangs mit der Sozialen Frage bis zur Jahrhundertwende ist zu erwarten, daß auch das Selbstbild zumindest der männlichen Täter-Bürger der Industriegesellschaft sich über die individualistische Selbstbestimmung Goethes und Schillers hinaus verschärfte. Das Selbstverständlichwerden der Unterwerfung unter die kapitalistischen Gesetze des freien Marktes und des sozialdarwinistischen Imperativs vom "Überleben des Tüchtigsten" mußte sich auswirken. War schon die weitere Steigerung des Rechts auf freie Selbstbestimmung mit Hilfe des Konzepts der Minderwertigkeit durch Opferung des Rechtes auf Gleichheit aller Menschen erkauft, womit das sowohl christliche als auch aufklärerische Werte-Gleichgewicht des Abendlandes zusammengebrochen war und wollte man – nicht nur nach Forel – eine Gesellschaft aus immer "besseren, sozialeren, gesünderen und glücklicheren Menschen " haben, dann mußten nicht nur die schlechteren, unsozialeren, kränkeren und unglücklicheren Teile der Bevölkerung zum Verschwinden gebracht werden, sondern dann mußte man auch selbst das Recht auf den eigenen Tod haben, wenn man sich schlecht, unsozial, krank oder unglücklich fühlte. Daher ist es geradezu zwangsläufig, daß wir ebenfalls besonders im letzten Jahrzehnt des 19. Jahrhunderts in allen europäischen Ländern einen intensiven Kampf der liberal-fortschrittlichen Bürger für die Freigabe und Entkriminalisierung der Selbsttötung gegen die finsteren, reaktionär-konservativen und wissenschaftsfeindlichen Mächte der Kirche und der Justiz finden.

Das Recht auf den eigenen Tod ist die Krönung des Rechts auf das eigene Leben und auf die Unabhängigkeit von allem, wovon ich abhängig sein könnte. Aber kann man – außer in einem abstrakt-positivistischen Denkakt – die Handlung, durch die ich mich töte, je vollständig von der Handlung, durch die ich einen anderen töte, trennen? Die Frage scheint auch in manchen europäischen Parlamenten und Regierungen offen geblieben zu sein; denn während das Recht auf die Selbsttötung den Bürgern in allen Ländern mehr oder weniger weitgehend zugestanden wurde, blieb die Beihilfe zur Selbsttötung in etlichen Ländern strafbar, ein Unterschied, der uns noch zu schaffen machen wird. Eine Festschrift dieser Bewegung für den Tod war das Buch von A. Jost "Das Recht auf den Tod" von 1895.[17] In dieser Schrift wird auch freimütig der zukunftsweisende Zusammenhang begründet. Während die religiöse Absolutsetzung des Lebens überholt, unwissenschaftlich, unmenschlich und unsozial sei, habe die Forderung nach dem Recht auf den eigenen Tod den Charakter einer "sozialen Reform", entspreche geradezu einer humanitären Pflicht zum Mitleid insbesondere mit alten, schwachen und – mit heutigen Worten – behinderten Menschen. Hier wird eine Logik und eine Ethik geboren, die, wenn man nur ihre Voraussetzungen akzeptiert, unwiderlegbar ist und die uns bis heute in Atem hält: wenn man nämlich eine Gesellschaft aus immer besseren, sozialeren, gesünderen und glücklicheren Menschen will, dann muß man einmal demjenigen Menschen das Recht auf den Tod zubilligen, der sich vorübergehend nicht so fühlt, dann muß man aber auch zum anderen denjenigen Menschen, die dauerhaft schlechter, unsozialer, kränker und unglücklicher sind, einmal das Recht auf den Tod zubilligen, zum anderen aber auch ihnen eine gewisse Pflicht hierzu auferlegen, da sie sonst die so definierte Weltordnung stören würden. Man muß ihren Tod erwarten dürfen. Und wenn es sich dabei um dauerhaft Minderwertige, Asoziale, Behinderte, geistig ohnehin Tote, Alte und Sterbende handelt, dann muß man in dem Fall, daß sie nicht für sich selbst sprechen und entscheiden können, für sie für-sorglich sprechen und entscheiden dürfen, um sie von ihrem unwerten, unmenschlichen, sicher auch qualvollen Vegetieren zu erlösen; denn würden sie für sich sprechen und entscheiden können, würden sie nach dieser Logik und Ethik naturnotwendig und wissenschaftlich bewiesen sich selbst den

Tod wünschen. Die entscheidende Voraussetzung für diese Logik und Ethik, in eine Formel zusammengefaßt, lautet: es gibt Menschen, die sind Menschen, und es gibt Menschen, die sind Dinge. Wer von uns industriellen oder vor allem sozialen Täter-Bürgern völlig frei im Denken von dieser Logik und völlig unverführbar im Handeln von dieser Ethik ist, den möchte ich kennenlernen.

5. Die Heilbarkeit der Sozialen Frage

Wenn schon der Krieg der Vater nicht von allen Dingen sein sollte, so ist er doch gewiß stets ein zuverlässiger Vater für einen kräftigen Technologie-Schub mitsamt eines ebensolchen Anspruch-Schubs für die industrielle Brauchbarkeit. So auch der erste Weltkrieg. Die Testpsychologie und andere Maßnahmen der Psychodiagnostik zum Zwecke der Feststellung unterschiedlicher Eignungen entwickelten sich so eindrucksvoll, daß man nach Kriegsende die Anführer der kurzlebigen Münchner Räterepublik erfolgreich psychiatrisch diagnostizieren ließ. Auch die Psychotherapiemöglichkeiten machten Fortschritte. So wirkte angesichts des Heeres der Kriegszitterer, also der Menschen, die sich nicht schnell genug an die Technisierung der Kriegsführung anpassen konnten, anfangs noch fast menschlich die Ohrfeigen-Therapie nach Nonne, während später die Durchflutung mit Stromstößen (Galvanisierung) wesentlich effektiver war, weshalb sie auch in das Arsenal der psychiatrischen Krankenhaus-Therapie aufgenommen wurde. Wesentlich einschneidender war die Frage, welche Konsequenzen man aus dem Argument ziehen sollte, daß die Besten der europäischen Völker auf dem Schlachtfeld verbluten würden, während die Minderwertigen am Leben blieben oder sich gar noch vermehrten. Hier wirkte die diätetische Therapie Wunder: man konnte nachweisen, daß man selbst dann, wenn man dieselben kriegsbedingt knappen Lebensmittelrationen der freilebenden Bevölkerung und den Insassen geschlossener Einrichtungen (Landeskrankenhäuser, Gefängnisse, Heime) zubilligte, die Sterblichkeit der Bevölkerung nur gering anstieg, während sich die Sterblichkeit in den Institutionen auf 20 oder 50% hochschrauben ließ. Gleiche Behandlung führte zu erwünschten ungleichen Wirkungen – eben wegen der Freiheit der freilebenden Bevölkerung, die sich leichter mit zusätzlichen Lebensmitteln gewissermaßen marktwirtschaftlich eindecken konnte. Manche behaupten, daß im ersten Weltkrieg ebenso viel psychisch Kranke zu Tode gekommen sind wie die Nazis während des zweiten Weltkrieges umgebracht haben.

Auf die bekannte Schrift von Binding und Hoche, mit der diese ihr "inneres Erlebnis" des ersten Weltkrieges 1920 programmatisch in die Forderung nach "Freigabe der Vernichtung lebensunwerten Lebens" [18] umsetzten, muß ich nicht mehr gesondert eingehen. Nicht nur wegen ihrer Bekanntheit, sondern mehr noch weil sie gegenüber dem Menschen- und Gesellschaftsbild der Zeit von Forel und Jost wenig Neues geschrieben haben. Neu ist allenfalls, daß das Töten des minderwertigen Teils der Bevölkerung jetzt offener vertreten werden konnte. Logischer als zuvor wird jetzt auch von der Freigabe des Suizids die Erlaubnis zum Töten anderer Menschen, der DingMenschen, abgeleitet. Und was die weitere Ausarbeitung der neuen Ethik gegen industriell unbrauchbare Menschen angeht, so wird die Idee der Pflicht zum Opfer für die Gemeinschaft und die Idee der humanitären Pflicht zum Mitleid mit leidenden Menschen hervorgehoben, so daß man jetzt schon fast den Eindruck haben kann, daß das Leiden der Menschen in Zukunft nicht mehr zum menschlichen, sondern zum dinglichen, also überflüssigen und abzuschaffenden Bereich der Menschen gehören solle. Dies konnte nur Folge sein des weiteren Fortschritts des Glaubens an die wissenschaftliche Machbarkeit von allem.

Die Faszination durch die Macht der Wissenschaft, von den Wissenschaftlern selbst verschuldet, kam zunehmend als Erwartungsdruck von seiten der Bevölkerung auf sie zurück. So nur ist zu verstehen, daß sich insbesondere in der Psychiatrie der 20er und 30er Jahre zum Erblichkeitswahn der Psychiater der Mythos der Heilbarkeit zunächst psychischer Störungen und dann auch der Sozialen Frage beigesellte. Hans Ludwig Siemen hat diese Entwicklung in seinem Buch "Menschen blieben auf der Strecke" [19] eindrucksvoll beschrieben. Versprach der wissenschaftlich in keiner Weise gesicherte Glaube an die Erblichkeit über präventiv-eugenisches Handeln nur langsame Erfolge, wünschte man sich über den wissenschaftlich ebenso wenig gesicherten Glauben an die Heilbarkeit dieser und jener sozial störender Regelwidrigkeiten der Menschen schnellere, effektivere und billigere Erfolge. Die Psychiatrie war inzwischen mit größter Selbstverständlichkeit als Disziplin der Medizin anerkannt, auch dies wissenschaftlich unbegründet, da sie sich überwiegend mit Zuständen beschäftigte, für die die Anwendbarkeit des naturwissenschaftlichen Krankheitsbegriffs zumindest fraglich blieb. Die Körpermediziner haben daher mit

Recht nie vollständig die Psychiatrie als zur Medizin gehörig anerkannt, was aber die Wut der Psychiater, den Nachweis ihrer Zugehörigkeit zur Medizin zu erbringen, nur vervielfachen konnte, gewissermaßen um jeden Preis, notfalls auch um den Preis der Gesundheit oder des Lebens der minderwertigen Objekte ihres Tuns. Medizinisches Handeln besteht aber im wesentlichen aus Diagnostizieren, Vorbeugen und Therapieren, wobei das Therapieren aus schneidenden und vergiftenden Tätigkeiten besteht. Hatten sich nun die Psychiater bisher hauptsächlich darauf beschränkt, die Gruppen der Sozialen Frage durch Diagnostizieren in eine Medizinische Frage zu verwandeln und hatten sie darüber hinaus durch Sterilisieren und fortpflanzungsverhindernde Freiheitsberaubung das Vorbeugen geübt, so fehlte ihnen jetzt noch als letzter Beweis des medizinischen Charakters ihrer Wissenschaft das erfolgreiche Therapieren. Der Wille hierzu war ihr Programm der 20er und 30er Jahre und bestimmte ihre Aktivitäten. Die Psychiatrie wurde aktiv. Die Begeisterung dieser siegessicheren Aufbruchsstimmung kommt etwa zum Ausdruck, wenn Hermann Simon die Summe seiner psychiatrischen Erfahrungen mit "Die aktivere Krankenbehandlung"[20] überschreibt (man beobachte den Komperativ – im Verhältnis zur Vergangenheit). Um gleich bei diesem bedeutenden Psychiater zu bleiben: nach seinem Gütersloher Vorbild wurden psychiatrische Krankenhäuser mit dem Mittel der Arbeitstherapie, die er auch Psychotherapie nannte, in Arbeitshäuser verwandelt, mit einer gnadenlosen preußischen Zucht und mit dem Anspruch, nach Möglichkeit alle Patienten zum regelmäßigen Arbeiten zu bringen, freilich nicht die industrielle Brauchbarkeit anstrebend, wohl aber die wirtschaftliche Autonomie der Anstalt: die Minderwertigen sollten keine sozialen Kosten verursachen. Auch hier gab es wieder einen gesamteuropäisch-amerikanischen Wettstreit. Andernorts wurde die operative Methode bevorzugt: zahllosen Menschen mit sozialen Regelwidrigkeiten wurden große Teile ihres Gehirns herausgeschnitten – gewissermaßen ohne Rücksicht auf Verluste. Die Malaria-Therapie der progressiven Paralyse wurde auch bei anderen psychischen Störungen erprobt. Die größte Begeisterung löste verständlicherweise die Schocktherapie aus, sei es mit Insulin, Cardiazol oder elektrischem Strom; gab es doch hier wahre Wunderheilungen, wogegen die hohen Verlustraten an Leben oder Gesundheit der minderwertigen Objekte als unwichtig oder als notwendige Opfer empfunden wurden. Versuche mit allen möglichen Medikamenten, mit Hormonen oder mit bestimmten Diäten rundeten das Aktivitätsprogramm ab. Es gab kaum eine Erfindung oder Entdeckung der Körpermedizin, die nicht auch als therapeutisches Mittel bei Menschen mit psychischen oder sozialen Auffälligkeiten ausprobiert wurde. Nicht einmal der Umstand, daß die Entlassungszahlen keineswegs dramatisch in die Höhe schnellten, konnte der Begeisterung für die Heilbarkeit Abbruch tun.

Der Glaube an die Medizin und die Begeisterung für das Therapieren strahlten weit über den engeren Kreis der psychischen Krankheiten aus, da ja nach Möglichkeit alle Gruppen der Sozialen Frage, alle Minderwertigen d. h. alle Menschen, von denen die Täter-Bürger sagen konnten, "sie sind nicht so wie wir", wegtherapiert werden sollten. Deshalb ist es nicht nur sprachlich bemerkenswert, daß auch dort, wo man nichts Körperliches, sondern nur eine psychische oder soziale Regelwidrigkeit unterstellte, und auch dort, wo ein theoretischer Ansatz der psychologischen Wissenschaft entstammte, beim Übergang zu eigenen, gezielten Aktivitäten das ja nun einmal rein medizinische Wort des Therapierens für sich in Anspruch nahm. So entstanden die unterschiedlichen Schulen der Psychotherapie, die sich im Umgang mit psychischen oder sozialen Auffälligkeiten mehr vermedizinisierten, als sie selbst wahrnahmen. Immerhin beinhaltet die Tätigkeit des Therapierens die "gezielte Heilbehandlung", und es ist bis heute fraglich, ob es erlaubt ist, daß Menschen "gezielt" miteinander umgehen dürfen, ohne daß dabei der Mensch zum Ding gemacht wird. Weiterhin strahlte das psychische oder später auch das soziale Therapieren in alle Bereiche der Pädagogik, in das Gefängniswesen und in sonstige soziale Problembereiche aus, so daß schließlich der gesamte Bereich der sozialen Frage, der Minderwertigkeit oder der industriellen Unbrauchbarkeit vom Anspruch der Heilbarkeit überdeckt wurde. Dieser Prozeß begann in den 20er Jahren, dauert bis heute an und wird auch jetzt noch nur ungern auf seine logische und ethische Berechtigung hinterfragt.

Die Begeisterung für die psychische Heilbarkeit griff darüber hinaus aber auch selbst bis in die Körpermedizin über, hauptsächlich über einen bisher noch wenig bedachten Umweg: die bisher schon beschriebenen Operationen, die für die bürgerliche Industriegesellschaft Unbrauchbaren zu Minderwertigen, Untermenschen, zu lebensunwertem Lebenden zu verdinglichen und ihnen ihre Existenzberechtigung als Menschen abzusprechen, hatten dazu beigetragen, daß die Täter-Bürger sich fragten, ob man das moderne, industrialisierte Zusammenleben der Menschen statt mit dem Begriff Gesellschaft nicht lieber mit dem Begriff Gemeinschaft bezeichnen solle. Wenn man sich dafür entschied, konnte man nun zwischen Gemeinschaftsfähigen und Gemeinschaftsunfähigen unterscheiden. (Wie gut sich ein solcher Begriff hält, sieht man daran, daß auch heute noch die Werkstättenverordnung zum Schwerbehindertengesetz die "Gemeinschaftsfähigkeit" zu den Voraussetzungen des Besuches einer Werkstatt für Behinderte zählt, als ob es nach dem Grundgesetz das Gegenteil überhaupt geben dürfte.) Der Begriff der Gemeinschaft zusammen mit der ohnehin sich verstärkenden Neigung, auch soziale Gegebenheiten mit Hilfe biologischer Bilder des Organismus zu beschreiben, führte dazu, daß in den 20er und 30er Jahren die organismische Ganzheitlichkeit des Menschen in allen möglichen medizinischen Theorien, die sich insbesondere psychosomatisch nannten, in den Vordergrund trat – mit dem Anspruch, auch körperliche Regelwidrigkeiten psychisch und später auch sozial erklären zu können. Noch niemand hat den Versuch unternommen zu unterscheiden, was sich davon als segensreich bewährt hat und was medizinischer Größenwahn ist, wie weit ein Mediziner sich anmaßen darf, nicht nur den kranken Teil eines Menschen, für den er kompetent ist, zu sehen, sondern in eins damit aus eigener medizinischer Machtvollkommenheit den ganzen Menschen diagnostizieren, werten und therapieren zu dürfen, ohne sich, seinen Patienten und den Umgang mit ihm dem Schutz einer Philosophie gerade gegen seine eigene technische Macht anzuvertrauen. Victor von Weizsäcker, der die psychosomatisch-ganzheitliche Schau des Menschen wie kein anderer gefördert hat, mag eine solche Gefahr geahnt haben, als er in den 30er Jahren so ehrlich war, für sich und die Medizin eine bisher noch fehlende Vernichtungslehre zu fordern; denn der Anspruch der Ganzheitlichkeit konstituiert aus sich selbst heraus auch Zustände fehlender Ganzheitlichkeit, die in sich selbst minderwertiger sein müssen.[21]

Für den hier genannten Zusammenhang zwischen Täter-Bürger, Gemeinschaft, Ganzheitlichkeit, auf sie bezogene funktionelle Betrachtungsweise als Leistung für das Ganze und Minderwertigkeit haben wir in dem schon erwähnten Hermann Simon einen durchaus unverdächtigen Zeugen, zumal er zwar deutsch-national, aber niemals nationalsozialistisch war. In seinem Güterslohet Nachlaß, den wir zur Zeit sichten, fanden wir das stichworthafte Manuskript zu einem Vortrag von ihm, den er vor dem Kreis evangelischer Akademiker in Gütersloh im Oktober 1931 gehalten hat:[22]

"Was verstehen wir unter "Minderwertigkeit". Alle "Werte" sind relativ, bezogen auf irgendeinen Interessenten. Wenn wir im Zusammenhang von Minderwertigkeit und Fürsorge sprechen, so ist der "Interessent" derjenige, der die Fürsorge auszuüben hat; das ist im civilisierten Staate die Gemeinschaft, welche den Staat trägt. Gemeinschaftsleben bringt Rechte und Pflichten. Solidarität der Gemeinschaft.
Der Einzelne ist für die Gemeinschaft das wert, was er für sie leistet, und zwar über seinen eigenen unmittelbaren Unterhalt hinaus. Gleichgültig sind für die Gemeinschaft die Zahlreichen, die gerade noch für sich selbst sorgen, der Allgemeinheit aber keinen Nutzen bringen. Ballast-Existenzen sind die "Minderwertigen" aller Art, welche die Lasten ihres eigenen Daseins mehr oder weniger der Gemeinschaft überlassen, an den Rechten der Gemeinschaft aber teilnehmen. Die Ausdrücke "Ballast-Existenzen" und "Minderwertigkeit" dürfen in diesem Zusammenhang nicht mit einem moralisierenden Beiklang gebraucht werden; sie bezeichnen nur eine objektiv vorhandene, sachliche Bewertung, gewissermaßen im kaufmännischen Sinne als "Passivum" der Gemeinschaftsbilanz zu buchen, dem ein entsprechendes "Aktivum" nicht gegenübersteht. "Schuld" und "Wert" müssen getrennt werden. Sie haben es hier nur mit dem sachlichen Wert zu tun ... Eine grundlegende Unterscheidung ist nötig: die 3 Abschnitte im Leben des Menschen: Kindheit – volles Leistungsalter – Greisenalter. Kindheit und Greisenalter bieten für die Allgemeinheit zwar auch Ballast-Existenzen; aber hier stehen doch in der Gesamtbilanz des Einzelwesens positive Werte im Haben, welche das Passivum dieser natürlichen Altersstufen zum mindesten

ausgleichen. Auch hier ist aber schon eine Einschränkung zu machen: ausgeglichen wird die Bilanz des Einzelnen nur bei vollwertigen, tüchtigen Leistungen über ein langes, werktätiges Leben. Und da gibt es doch schon sehr große individuelle Unterschiede im Gesamtwert ... Im übrigen sind für die Allgemeinheit minderwertig: alle, die – sei es in Folge ungenügender Veranlagung oder fehlerhafter Entwicklung zu einer vollwertigen Leistung nie gelangt sind oder – bei Kindern – nie gelangen können: die Idioten, Schwachsinnigen erheblichen Grades, die Krüppel, die Körperschwachen, Kränklichen, die Schwächlinge, die immer wieder sofort versagen, sobald eine ernstere Leistung von ihnen verlangt wird. Dann aber auch alle wirklich Kranken für die Dauer ihrer Krankheit. Der Gemeinschaftswert dieser Menschen wird um so geringer, je "anfälliger" sie für alle Arten von Krankheiten sind, und je mehr ihre Gesamtleistung durch Krankheit eingeschränkt wird. Die seelische Komponente des Krankseins. Dann die wirklichen Taugenichtse, Schädlinge, Verbrecher, alle die an Zahl dauernd zunehmenden Menschen, die sich den Pflichten des Gemeinschaftslebens nicht einfügen wollen oder nicht können – wobei das "Können" auch nur eine sehr relative Sache ist. Denn fast Alle "können", wenn sie müssen. Das "Müssen" hat aber die moderne Civilisation in großem Umfange ausgeschaltet. Und hier beginnen die Wirkungen auf die Allgemeinheit: wir brauchen ein hartes Geschlecht; nur ein solches kann sich im Kampfe der Völker durchsetzen. Was wir aber heute treiben, ist Verweichlichung, trotz allen Sportes, der doch auch nur ein Spielen bleibt!... verhängnisvolle Wirkung auf die Volksseele. Tüchtigkeit und Fleiß werden entwertet, durch die Gleichmacherei in den Rechten, und die Bevorzugung der Tüchtigen bei der Zuteilung der Pflichten: er trägt die Lasten allein. Noch nicht einmal die Rechte sind gleichmäßig verteilt: der Schwache und Untüchtige wird hier sogar bevorzugt. Schon der Hilfsschüler kostet mehr als das Doppelte des Normalschülers. Der Mensch im Krankenhaus, in der Irrenanstalt, im Krüppelheim, im Zuchthaus, im Altersheim kostet mehr, oft viel mehr, als der überwiegenden Mehrheit unseres Volkes in gesunden Tagen zur Verfügung steht ... Die Fürsorge kommt nur dem Schwachen und Minderwertigen, dem wenig Widerstandsfähigen, also dem Lebensuntüchtigen zu gut. Der Tüchtige braucht sie nie. Dadurch Verhinderung des natürlichen Ausmerzungs-

prozesses ... Unsere ganze soziale und gesetzgeberische Entwicklung fördert die Vermehrung des Schwachen und hemmt die Erstarkung des Starken. Die notwendige Folge muß Überhandnehmen der Schwäche und der Untüchtigkeit sein ... Die " demokratische" Lehre von der Gleichwertigkeit aller Menschen drückt sich verhängnisvoll aus ... Allgemein ist man dahin gelangt, daß das Untaugliche jeder Art unter günstigere Lebensbedingungen gesetzt wird, wie das Gesunde und Tüchtige. Das geht so von der Kinderfürsorge bis ins höchste Alter; – gilt ganz besonders auch für die Verbrecher und anderen Schädlinge ... Zusammen über 12.000.000 Minderwertige oder 1/5 der Bevölkerung. Grotjahn schätzt die Lebensuntüchtigen sogar auf 1/3 aller Lebenden. (Diesem sozialdemokratischen Arzt und Eugeniker kommt also wohl das Verdienst zu, als Erster die Zwei-Drittel-Gesellschaft errechnet zu haben. K.D.) ... Eingriffe unseres Staates in die Gesetze der Schöpfung: er will alles erhalten, kann aber die Bedingungen gar nicht schaffen, um alles zu erhalten; daher alles hoffnungslose Elend. Es wird wieder gestorben werden müssen. Es fragt sich nur, welche Millionen sterben müssen. Der Tod ist und bleibt auch eine Erlösung. Auch die Kirche beginnt zu erkennen, daß die starke Rücksichtnahme auf die Kranken und Schwachen eine Grausamkeit gegen die Gesunden und Tüchtigen ist ... seelische Hyiene-Sterilisierung der Minderwertigen, Schwachsinnigen. Gesundung durch Wiederherstellung der primitiven Verantwortlichkeit. Minderwertig ist, wer die primitiveren, härteren Verhältnisse nicht mehr erträgt. Daraufhin wird man einmal unsere "Führenden" Stände sich ansehen müssen ... "Humanität" = "Menschlichkeit" = "Menschengemäßheit" = neutraler Ausdruck. Kann auch: Dummheit bedeuten ... Ein fundamentaler Irrtum ist die Lehre von der Gleichwertigkeit der Menschen."(Simon hat den Satz, wo er von der Notwendigkeit des Sterbens von Millionen spricht, in seinem Manuskript 1946 mit einem kommentierenden Zusatz versehen; die Art und Weise, wie er sich korrigiert und doch nicht korrigiert, ist bezeichnend für die Nachkriegszeit: wir werden den Zusatz zitieren, wenn wir die Nachkriegszeit erreicht haben. K.D.)

Eigentlich ist nun alles organisch vorbereitet für die Fortsetzung der beschriebenen Entwicklung durch die Nationalsozialisten. Zuvor muß ich jedoch noch einen die therapeutische Begeisterung zusammenfassenden Gedanken gleichsam als Zwischenbilanz einschieben: Wir sind jetzt an einem Entwicklungsstand der Industrialisierung, wo wir sagen können, daß ein Teil der Sozialen Frage über Sterilisierung und andere vorbeugende Maßnahmen wegrationalisiert werden kann. Ein weiterer Teil – so lautet der Anspruch nun – kann durch Therapie industriell brauchbar gemacht werden. Also ein Teil, mag er nun groß sein oder klein, kann von einem minderen Wert zu einem vollen Wert aufgefüllt werden, kann aus einem unvollständigen in einen vollständigen Zustand zu einer Ganzheit ergänzt werden, kann aus einem unheilen in einen heilen Zustand erhöht werden, kann heil gemacht, geheilt werden. Logisch und ethisch folgt aber zwangsläufig daraus die bange Frage: was wird der nächste Entwicklungsschritt sein? Heilen ist das Äußerste und das Wunderbarste, das dem Menschen gelingen kann. Was aber wird das Schicksal derer sein, die trotz aller Heilungsversuche unheil bleiben? Das vermessene Unterfangen der Medizinisierung der Sozialen Frage und ihre Verschärfung durch den Anspruch der Heilbarkeit konstituiert aus sich selbst heraus als Gegen- oder Restgruppe die Unheilbaren. Es kann gar nicht anders sein: das Existenzrecht der Unheilbaren wird noch weit gefährdeter sein als das der Gesamtheit der Minderwertigen.

6. Therapeutisches Töten als Endlösung der Sozialen Frage

Die überwiegend jungen Revolutionäre von 1933 sind überglücklich. 10 Jahre politischer Kampf haben sich gelohnt. Vor allem die antisemitische Propaganda, die Schuldzuweisung an die Juden für alles, worunter wir Deutsche leiden, hat sich ausgezahlt. Aber daß das Gefühl der Erleichterung und Befreiung der Bevölkerung und das zum Ausdruck gebrachte Vertrauen so groß, daß der Widerstand auf Seiten der Linken gegen die Machtergreifung so gering sein würde, das übertraf unsere kühnsten Erwartungen, die meines Vaters, also auch meine späteren eigenen und damit vor allem die Erwartungen derer, die unter 40 Jahre alt waren. Einen Bürgerkrieg wie nach der Russischen Revolution werden wir nicht brauchen. Dafür ist der Widerstand gegen uns zu schwach. Und für den Rest haben wir die Konzentrationslager, nicht medizinisch, sondern pädagogisch orientiert, als Umerziehungslager. Statt dessen brauchen wir weiterhin dringend den Antisemitismus. Hat er uns schon über den Sündenbockmechanismus zur Machtergreifung verholfen, brauchen wir ihn jetzt ebenso dringlich für unsere geplante Sanierung der Gesellschaft: da Ostjuden als Fremde und Westjuden als Deutsche empfunden werden, kann man über die Notwendigkeit der Diskriminierung der jüdischen Rasse als ganzes die Deutschen ebenso glaubwürdig wie unmerklich auch auf schmerzhaftere Operationen vorbereiten, über die man daher noch nicht so offen sprechen kann. Vor allem wenn es vielleicht wirklich um ein Drittel der Deutschen als Minderwertige gehen sollte, wovon womöglich jede Familie betroffen sein könnte, die aber gleichwohl zunächst zu Gemeinschaftsfremden gemacht und dann aus dem Volkskörper herausoperiert werden müssen, damit über eben dieselbe Operation die Volksgemeinschaft aus immer besseren, sozialeren, gesünderen und glücklicheren Menschen entstehen könne, wie Forel schon gefordert hatte.[23] Hinderlich für diese kommenden Aufgaben war aber die SA: sie war zwar gut für die Wahlschlachten gewesen, aber für die kommende Politik zu dumm, zu proletarisch und vor allem zu emotional. Sie war nicht davon abzubringen, Juden und andere Gemeinschaftsfremde persönlich zu hassen. Sie konnte einfach nicht den erforderlichen Stand der industriellen Vernunft erreichen, den selbst ein Hermann Simon schon gehabt hatte, als er für die Aufgabe der Beseitigung der Ballast-Existenzen jeden moralisierenden Beiklang untersagt hatte, da es sich um einen sachlichen Wert, um Sachen hierbei handele. Schon deshalb war es notwendig, die SA machtpolitisch in den Hintergrund zu drängen, wo sie nach wie vor nützlich sein könnte, während für die neue Aufgabe ein Bündnis der Intellektuellen aus SS, der Parteizentrale, des Reichsinnenministeriums, der Polizei, der Sozialbürokratie und der geeigneten Wissenschaftler, insbesondere der Mediziner zu schaffen war, wenn nötig, durch eine hinreichend große Serie von Blitzkarrieren. Nur ein solches Bündnis könnte die eigentliche Absicht, das eigentliche Programm der Nationalsozialisten formulieren, organisieren und verwirklichen. Dies Programm lautete unter Berücksichtigung der gesamten bisherigen Geschichte der Industrialisierung folgendermaßen: wir, die Elite der Täter-Bürger, haben die welthistorische Mission, dem Rest der Welt am Beispiel Deutschlands ein für allemal zu beweisen, daß eine Gesellschaft, die sich ein einziges Mal radikal von ihrem gesamten sozialen Ballast – und sei es auch ein Drittel der Bevölkerung – befreit, also die sicher schmerzhafte Endlösung der Sozialen Frage wirklich riskiert, das totale Potential der Industrialisierung frei zur Entfaltung kommen läßt und dadurch wirtschaftlich, militärisch, wissenschaftlich und sicher auch kulturell unschlagbar sein wird. So, aber auch nur so, läßt sich der ewige Traum der Menschheit, vielleicht der Aufklärung, sicher Forels verwirklichen: unter Abschaffung jeglichen menschlichen Leidens nur noch aus einer Gemeinschaft von ausschließlich guten, sozialen, gesunden und glücklichen Menschen zu bestehen. Nach der Idee war dies nichts Neues, nicht mal etwas Originelles. Neu und originell war ausschließlich, daß wir industriellen Täter-Bürger nicht mehr nur zu reden hätten, sondern uns ein einziges Mal zu unserer Täterschaft, die wir ohnehin immer schon gehabt haben, radikal zu bekennen und die Verantwortung dafür vor der Geschichte, vor der Natur und vielleicht auch vor Gott zu übernehmen. Das ist das Geheimnis des Pannwitz-Blickes, alle Menschen mit der Frage anzublicken, ob sie Menschen oder Dinge sind. Schon Forel hatte gewußt, daß das Reden von einer neuen Rasse oder vom Übermenschen zwar nützlich sei zur Ablenkung der einfachen Menschen von den eigentlich beabsichtigten, möglicherweise aber für seine Familie oder für ihn selbst schmerzhaften Operationen, jedoch nicht selbst das Ziel sei, da das NS-Programm lediglich bewirken wollte, daß der Mensch auf seiner industriellen Entwicklungsstufe zu sich selbst und seinen Möglichkeiten vollkommen kommen sollte. Und warum ausgerechnet Deutschland, da doch die Soziale Frage, das Reden von den Minderwertigen, von den Unheilbaren und die entsprechenden eugenischen und therapeutischen Vorschläge allenthalben gleich weit verbreitet waren? Nun ja, wenn eine ähnlich industrialisierte Gesellschaft wie etwa Frankreich, England, die USA oder ein anderes Land den ersten Weltkrieg verloren hätte, unter einem ähnlich ungünstigen Friedensvertrag zu leiden gehabt hätte, im weltwirtschaftlich notwendigen Zugriff auf die Kolonialmärkte ähnlich behindert gewesen wäre, so daß ihr Imperialismus hätte nach innen schlagen müssen, und wenn sie sich in der Entwicklung zu einer Nation vielleicht auch noch ähnlich verspätet hätte, dann wäre es eben diese andere Gesellschaft gewesen. Wer könnte, wenn er nur die Voraussetzungen akzeptierte, ein Argument gegen die unabweisbare Logik und Ethik dieses NS-Programms vorbringen?

Wir Täter-Bürger oder unser intellektuelles Elite-Bündnis, das hinreichend sachlich, also menschenversachlichend denken konnte, hatte die Ärmel aufzukrempeln und keine Zeit zu verlieren, da revolutionäre Begeisterungswellen keine lange Halbwertzeit haben. Das war schon, wie bereits berichtet, daran abzulesen, daß die vertrauensvolle Geburtenfreudigkeit nicht lange anhielt. Natürlich wurden die pädagogischen Einflußmaßnahmen voll ausgeschöpft. Einmal in Richtung auf die Gesamtbevölkerung. Hier war es entscheidend, vor allem den industriell brauchbaren Industriearbeitern, deren Kreis durch den jetzt ebenfalls neu entstehenden Technologie-Schub und den damit verbundenen höheren Anforderungsdruck sich noch einmal einengte, endlich zu ihrem Recht zu verhelfen, sich als vollwertige Mitglieder der Volksgemeinschaft empfinden zu dürfen, womit das überholte und produktivitätshemmende Denkmodell der Klassengesellschaft endgültig überwunden war. Weil allein schon dadurch der Kreis der Minderwertigen sich potentiell noch einmal vergrößerte, war es auch gut und notwendig, daß das flächendeckende Netz von Konzentrationslagern für die Umerziehung nicht nur der politischen Gegner, sondern auch der pädagogisch erreichbaren Minderwertigen eingesetzt werden konnte. Aber es war auch klar, daß wir uns mit den pädagogischen Mitteln nicht lange aufhalten sollten. Aus der Geschichte wußten wir längst, daß die medizinischen Mittel schneller, effektiver und billiger waren. Als ob die Ärzte gewußt hätten, daß sie die entscheidenden Vollstrecker der Abschaffung des sozialen Ballastes und der Herstellung der Volksgemeinschaft seien, waren sie von allen akademischen Berufsgruppen am häufigsten in der NSDAP.

Als erstes mußte das lang ersehnte Sterilisierungsgesetz her. Die Bereitschaft für ein solches Gesetz war zwar bei den Opfern, den nur-noch-sozialen Menschen, insbesondere in Anbetracht der anfangs noch hohen Arbeitslosigkeit, nicht sehr hoch, dafür aber bei den Täter-Bürgern, auf die es ja sowieso nur ankam, fast ausnahmslos gegeben. Dies um so mehr, wenn selbst der prominente Pastor Fritz von Bodelschwingh 1929 in Lübeck ausgeführt hatte, daß gegen Minderwertige und Untermenschen unter eugenischem Gesichtspunkt seine Anstalt Bethel ein "scharfes Instrument in der Hand ihres himmlischen Meisters" sei.[24] Die Psychiater und andere Eugeniker hatten gut vorgearbeitet. Als verantwortlichen Experten für das Gesetz wollte man natürlich den prominentesten psychiatrischen Erblichkeitsforscher haben: Ernst Rüdin, dessen Arbeiten vor 1933 wissenschaftlich seriöser waren als danach, merkte in seiner Begeisterung über die Erfüllbarkeit all seiner Jugendträume nicht, daß man in der wissenschaftlichen Diskussion vital von der Existenz wissenschaftlicher Gegner abhängig ist, damit man die eigene Position nicht kritiklos verabsolutiert. Seine wissenschaftlichen Gegner, mit denen er sich in den 20er Jahren endlos herumgeärgert hatte, waren mit der Machtergreifung mundtot gemacht und damit für ihn verschwunden. Genauso wenig merkte er noch, daß in der internationalen Diskussion die Welle der Begeisterung für die Eugenik um 1933 herum allmählich abebbte, um langsam auf ein Normalmaß sich gesundzuschrumpfen: Die welthistorische Mission Deutschlands hatte ihn auch dafür blind werden lassen. Nach den früheren Gesetzentwürfen von 1914, 1918, 1923, 1928 sowie 1932 konnte das NS-Erbgesundheitsgesetz schon im Juni 1933 verabschiedet werden. Sollten die ersten Entwürfe noch das Sterilisisieren der Ärzte auf die medizinische Indikation einengen, wollten die späteren Entwürfe zunehmend den Raum auch für die eugenisch-soziale Sterilisierungsindikation öffnen. Man konnte sich sogar rühmen, daß das NS-Gesetz gegenüber dem Entwurf von seiten des preußischen Landesgesundheitsamtes von 1932 den Rechtsschutz für die Betroffenen noch verstärkte, hatte freilich das Prinzip der Freiwilligkeit durch die Möglichkeit der Anwendung von Zwang ersetzt. Daß dieses Gesetz mit Recht später als das Grundgesetz des NS-Programms bezeichnet worden ist, läßt sich ganz gut mit einigen Zitaten aus dem offiziellen Kommentar zum Erbgesundheitsgesetz belegen: "Die nationalsozialistische deutsche Regierung hat damit bewiesen, daß sie bereit ist, aufbauend auf den Grundsätzen der wissenschaftlichen Erkenntnisse, das Interesse des erbkranken Einzelwesens dem Gesamtwohl des erbgesunden deutschen Volkes und damit dem Gedeihen der "Deutschen Nation" unterzuordnen ... Nicht die wirtschaftlichen Gesichtspunkte stehen im Vordergrund, sondern der entschlossene Wille unserer Regierung, den Volkskörper zu reinigen und die krankhaften Erbanlagen allmählich auszumerzen ... Es ist aber noch etwas anderes, was als Grundgehalt des Gesetzes Bedeutung erlangt, das ist das Primat und die Autorität des Staates, die er sich auf dem Gebiet des Lebens, der Ehe und der Familie endgültig gesichert hat."[25] Das Primat des Staates auf dem Gebiet des Lebens war zukunftsweisend. Anfangs noch wurde das Deutsche Reich um dieses Gesetz aus vielen Ländern beneidet. Aber auch Staaten, die sich ein ähnliches Gesetz zulegten, haben es nie zum Zwecke der flächendeckenden gesellschaftlichen Sanierung gebraucht, sind nicht mal zu einem zehnten Teil von Sterilisierungen gekommen. In Deutschland wurden bis zum Kriegsende etwa 350.000 Menschen sterilisiert.

Damit wir mit diesem chirurgischen Eingriff möglichst tief in den Bereich der Sozialen Frage, der Minderwertigen oder – wie man jetzt auch gern sagte – der Gemeinschaftsunfähigen, wie sie Hermann Simon aufgelistet hatte, hineinschneiden konnten, erwiesen sich die ziemlich beliebig dehnbaren Diagnosen des erblichen Schwachsinns und des schweren Alkoholismus als besonders ergiebig. Daß bei diesen und den meisten anderen im Gesetz vorgesehenen Diagnosen die Erblichkeit keineswegs gesichert war, sondern – ein einmaliger Vorgang – gesetzlich behauptet und verfügt wurde, fiel natürlich zumindest solchen Wissenschaftlern auf, deren Denken durch ihre Volkskörper-sanierende Begeisterung nicht völlig zum Stillstand gekommen war. Aber es gab auch Mediziner, die selbstkritische Ehrlichkeit und welthistorische Mission in Einklang bringen konnten: Der Psychiater Carl Schneider hat noch als leitender Arzt von Bethel kurz nach der Machtergreifung in einem Vortrag ausgeführt, daß man in Zeiten revolutionärer Begeisterung die wissenschaftliche Rationalität auch einmal zurückstellen müsse.[26] Widerstand gegen die Durchführung des Gesetzes gab es fast nur von seiten der Opfer, die aber als Dinge isoliert und machtlos waren. Für sie war schon dieses Gesetz ein tödliches: einerseits wurden damit Familien getötet, zum anderen starben sicher mehr als 1.000 Menschen an dem Eingriff und seinen Folgen, zumal sich viele noch auf dem Operationstisch gegen die Verstümmelung wehrten, anschließend nicht selten von den Schwestern und Ärzten des jeweiligen Krankenhauses verhöhnt: sie sollten doch froh sein, da sie jetzt freie Liebe machen könnten. Es gab freilich auch paradoxen Widerstand: eine Frau, die zur Opferseite gehört und der wir den bisher wohl einzigen Bericht über die Einsamkeit eines sterilisierten Lebens mit dem Titel “Ich, die Steri“[27] verdanken, hat mir berichtet, daß in ihrer Heimatstadt Königsberg Bürger sich gegen das Erbgesundheitsgesetz zur Wehr setzten, da sie mit einem gewissen Recht fürchteten, daß die insofern fortschrittlichen Nazis Patienten aus psychiatrischen Krankenhäusern nach der Sterilisierung, gewissermaßen als Rehabilitationsmaßnahme, entlassen und auf sie, die Bürger loslassen wollten. In der Tat haben später manche zwischen Sterilisierung und Ermordung zu wählen gehabt, viele hat aber das eine vor dem anderen nicht bewahrt.

Trotz mehrerer Verschärfungen des Gesetzes auf dem Verordnungswege, die bis zur Erlaubnis der Tötung einer Schwangerschaft im vorgerücktem Stadium gingen, wurde man gegen Ende der 30er Jahre zunehmend unzufrieden mit der Wirkung des Gesetzes. Es gab lästige Schwierigkeiten mit manchen prominenten Familien, so daß einer der Väter des Gesetzes 1938 meinte, daß wir heute, ohne den Anfangsschwung der Bewegung, ein solches Gesetz gar nicht mehr durchgesetzt hätten. Da die Mehrzahl der Sterilisierten nie in einem Krankenhaus oder in einer Anstalt gewesen sind, war es auch unvermeidlich, daß es immer mal wieder hier und da in der Bevölkerung Unruhe gab. Vor allem aber war das Tempo des erhofften Erfolgseintritts entmutigend. Nach dem damals meist als rezessiv vermuteten Erbgang rechnete man sich aus, daß z.B. durch die Sterilisierung von Epileptikern selbst in 300 Jahren nur 30% weniger Anfallskranke leben würden. Und jetzt begann sich eine Regel auszuwirken, der offensichtlich nicht nur revolutionäre Bewegungen, sondern auch sonstige soziale Programme unterliegen: je anspruchsvollere Ziele wir Täter-Bürger als Verwalter der Sozialen Frage gegenüber den in soziale Sachen verwandelten Menschen verfolgen, desto eher haben wir den Eindruck, nicht genug Zeit für unsere segensreichen Absichten zu haben. Wir müssen dann entweder unseren Anspruch ermäßigen, was uns meist aufgrund unserer Überzeugung von dem hohen Wert unserer Humanität, unseres Mitleids oder unserer sozialen Verantwortung nicht gelingt. Oder wir müssen das Tempo unserer Aktionen erhöhen, was fast immer bedeutet, daß wir die von uns eingesetzten Mittel radikalisieren müssen. Dabei übernehmen wir die Verantwortung für einen Preis, der höher ist, als ursprünglich veranschlagt: d.h. wir werden heroisch. Anders ausgedrückt: da wir industriellen Täter-Bürger nun schon seit Jahrzehnten statt auf die pädagogische, nunmehr auf die medizinische Ordnung der Sozialen Frage gesetzt hatten, unterliegen oder – damals – unterlagen wir dem Systemzwang, vom eugenischen Vorbeugen zum schnelleren, billigeren und effektiveren, aktiveren Therapieren übergehen zu müssen, was die Unterscheidung von Heilbarem und Unheilbarem zur Voraussetzung hat, mit der Folge der Verschärfung der Bemühungen gegenüber beiden Gruppen. Mit anderen Worten: was die außenpolitisch NS-Verantwortlichen dazu zwang, den industriellen Vernichtungskrieg gegen die äußeren Feinde zu wagen, das zwang auch die innen-, sozial- und gesundheitspolitisch NS-Verantwortlichen dazu, den industriellen Vernichtungskrieg gegen die inneren Feinde zu riskieren. Das ist die symbolische Bedeutung der Tatsache, daß Hitler seinen Euthanasie-Erlaß auf den Tag des Überfalls auf Polen, auf den 1.September 1939 zurückdatierte. Wie fast immer, so wurden auch hier die entscheidenden Weichen im Vorfeld gestellt: an Stelle der ursprünglich

geplanten Einrichtung eines Reichsgerichtshofes für Erbgesundheitssachen entstand ein Reichsausschuß für die Erfassung erbkranker Kinder.
Als Durchführungsorgane für diesen Ausschuß wurde ein flächendeckendes Netz von kinder- und jugendpsychiatrischen Fachabteilungen geschaffen, wovon wir auch noch in der Nachkriegszeit profitiert haben. Aufgabe dieser Fachabteilungen war es, mit dem größtmöglichen wissenschaftlichen Aufwand die Entwicklungschancen auffälliger Kinder nach den Kriterien Heilbarkeit oder Unheilbarkeit mit großer Sorgfalt zu entscheiden. Dieser Übergangsbereich vom nur vorbeugenden zum therapeutischen Tun, der für die Heilbaren größtmögliche Förderung und für die – nach wissenschaftlicher Feststellung – Unheilbaren die schmerzlose Erlösung von ihrer aussichtslosen Zukunft bringen sollte und auch brachte, war das Denkmodell für Einrichtungen, wie sie nach Ende des Krieges für die gesamte restliche Soziale Frage der Gesellschaft entwickelt werden sollten. Das wäre die Verwirklichung der Endlösung der Sozialen Frage geworden – und zwar streng wissenschaftlich und ethisch verantwortlich, auf der Basis der sorgfältigen Prüfung jedes einzelnen Falles von Mensch oder Sache.

Wie aber sollte man dieses leuchtende Ziel der Endlösung der Sozialen Frage, von wissenschaftlichem Ernst und von humanitärem Mitleid mit der leidenden Kreatur getragen, erreichen? Galt es doch, auf dem Wege zu diesem Ziel um Deutschland herum über die Heere von äußeren Feinden und innerhalb des deutschen Reiches in den Krankenhäusern, Anstalten, Konzentrationslagern und Heimen über die Heere der inneren Feinde den notwendigen Endsieg zu erringen – das war unmöglich durch Überprüfung des Einzelfalles zu schaffen. Hier mußten neue Methoden des industriellen Tötens erfunden werden, die massenwirksam, schnell, billig und vor allem moralisch vertretbar sein mußten, damit die mit der Durchführung betrauten Täter-Bürger nicht moralisch verrohten, sondern anständig blieben, also als Mensch möglichst wenig beteiligt waren, so daß sie anderen und sich selbst wirklich glauben konnten, nur mit der Beseitigung von Sachen beschäftigt zu sein.

Dies war aber nicht nur ein technisches, sondern mehr noch ein moralisches Problem, da dem Erreichen eines solchen Niveaus industrieller Vernunft immer noch Rückstände abendländischer Verwechslung von Menschlichkeit und Dummheit, um das Zitat von Hermann Simon noch einmal aufzugreifen, oder der Verwechslung von Dingen mit Menschen im Wege standen. Um auch noch diese irrationelle Hemmschwelle überschreiten zu können, erwiesen sich psychisch kranke Polen als die geeigneteste Objekt- oder Opfer-Gruppe: nachdem man gegen Ende des Polenfeldzuges damit begonnen hatte, in einigen polnischen psychiatrischen Krankenhäusern die Patienten zu erschießen, man aber einsah, daß die Menschen der sich durch eben diese Tätigkeit später bildenden Einsatzgruppen sowohl technisch als auch moralisch damit überfordert waren, die handwerkliche Produktionsweise daher auf industrielles Niveau angehoben werden mußte, führte man am 15. Oktober 1939 eine Gruppe psychiatrischer Patienten aus der nächstgelegenen Anstalt in einen luftdicht abgeschlossenen Bunker des Forts VII der Befestigungsanlagen von Posen und tötete diese "Dingsdas" mit eigens zu diesem Zweck aus Berlin herbeigeschafftem Gas. Damit war der Damm zur Industrialisierung des therapeutischen Tötens gebrochen, ein sachdienliches Verfahren entwickelt, das sich jetzt vielfältig abwandeln ließ.

Zur selben Zeit war ich in meiner Heimatstadt Duisburg ein halbes Jahr lang eingeschult und wurde wegen meiner leuchend roten Haare, die im Ruhrgebiet als "blau" bezeichnet werden, auf dem Heimweg regelmäßig mit einem Spottvers gehänselt: "rot-blau: Polacksfrau – blau-rot: Idiot". Auf der Ebene des harmlosen Kinderverses waren also 2 gut im deutschen Kulturhaushalt verankerte Diskriminierungen vereinigt worden, um ihre negative Wirkung zu potenzieren: einmal die außenpolitische Diskriminierung der Polen als Untermenschen, zum anderen die innenpolitische Diskriminierung von psychisch Kranken und Schwachsinnigen als Untermenschen. Die Kombination beider Veruntermenschlichungen in Posen hatte die letzte abendländische Hemmschwelle hinwegschwemmen können. Deshalb haben wir auch dieses Ereignis bei uns in der Bundesrepublik besonders gut und lange verdrängen können: die Tötung von polnischen psychisch Kranken war so wenig interessant, daß in deutscher Sprache erstmals

1983 ein Bericht darüber zu lesen war. Es war die Übersetzung eines polnischen Aufsatzes aus dem Französischen.[28] Wenn der amerikanische Psychologe Robert Lifton[29] dankenswerterweise den gesamten Prozeß von der Selektion bis zur Vergasung in den Vernichtungs-Konzentrationslagern in seinem medizinischen Charakter beschreibt und dafür mit Recht den Begriff des "therapeutischen Tötens" findet, so ist zu ergänzen, daß dieses neue Blatt in der Geschichte der Menschheit am 15. Oktober 1939 in Posen aufgeschlagen wurde.

Von hier aus ließ sich das nunmehr industrialisierte Verfahren zunächst auf das Heer der reichsdeutschen psychisch kranken und schwachsinnigen Menschen übertragen. Man hatte einen Überhang von 70.000 Unheilbaren errechnet und machte sich an die Arbeit, diese Altlasten in 7 Krankenhäusern, die mit Vergasungseinrichtungen ausgerüstet wurden, abzuarbeiten. Dies war die Bewährungsprobe für einige der auch wissenschaftlich führenden deutschen Psychiater, die den Vorgang von der Diagnose bis zur Therapie organisatorisch und ideel verantwortlich leiteten. Dieselben Kommissionen, die die Krankenhäuser bereisten, um die Quoten der Unheilbaren zu ermitteln, waren gleichzeitig damit beauftragt, die therapeutischen Ausrüstungen der Krankenhäuser zugunsten der Therapie der Heilbaren zu verbessern: jede Förderung für die Heilbaren, menschliches Mitleid und Tod für die Unheilbaren. Diese Ethik hat der Leibarzt Hitlers, Prof. Brandt, Pastor von Bodelschwingh in Bethel vermittelt, der ihn auch mit dieser Ethik ernst nahm, jedoch darauf beharrte, von einer anderen Ethik auszugehen. Dies war auch die Ethik des schon erwähnten Carl Schneider, christlich, warmherzig engagiert, jedem einzelnen seiner Patienten therapeutisch zu helfen, der 1939 möglicherweise das beste und umfangreichste Buch des 20. Jahrhunderts über therapeutische Möglichkeiten für Menschen mit Psychosen veröffentlichte und der im selben Jahr einer der Chef-Organisatoren der Euthanasie oder – wie man auch sagte – Desinfizierung der Unheilbaren wurde. Er war wohl auch der Chef-Denker dieser Gruppe; denn vermutlich aus seiner Feder stammt hauptsächlich die Denkschrift der Euthanasie-Leitungsgruppe von 1943 über die künftige Entwicklung der Psychiatrie nach dem Kriege.[30] In dieser Denkschrift sind alle wichtigen Kriterien für eine moderne, gemeindenahe und patientenfreundliche Psychiatrie enthalten, wie wir in der Bundesrepublik dies auf ähnliche Weise erst in den 70er Jahren mit Hilfe der Psychiatrie-Enquete zusammendenken konnten. Diese Modernität der Euthanasie-Psychiater erschreckt und fasziniert zugleich. Verständlich wird sie nur auf dem Hintergrund ihres geradezu wahnhaften Glaubens an die Verbesserung der psychiatrischen Therapiemethoden und damit an die schnelle und fast völlige Heilbarkeit von Menschen mit Psychosen, so daß nach dem Krieg nur noch in wenigen traurigen Einzelfällen, nach strenger wissenschaftlicher Beweisführung, die Unheilbarkeit festgestellt und der einzelne, qualvoll leidende oder geistig tote Mensch, der ja nur noch eine Sache war, durch Euthanasie – naturgemäß im Rahmen der Regelversorgung – von seinem Leiden zu erlösen wäre.

Die Erlösung, Desinfizierung oder Ermordung des Überhangs an 70.000 Unheilbaren war im August 1941 abgeschlossen, weshalb diese Aktion auch beendet werden konnte. Man muß es inzwischen für fraglich halten, ob die allmählich zunehmenden Widerstandsäußerungen von seiten beider Kirchen oder von Angehörigen hieran entscheidend mitgewirkt haben. Natürlich waren bei weitem die meisen Anstaltspsychiater und ihre Mitarbeiter gegen den Abtransport und die Ermordung ihrer Patienten. Aber auch hier waren die Weichen schon viel früher und entscheidend gestellt worden: etwa wo Ende des letzten Jahrhunderts das Sprechen von den Minderwertigen selbstverständlich wurde, etwa wo sie sich medizinischer gaben, als ihre Aufgabe es zugelassen hätte, etwa wo sie den wahnhaften Glauben an die Heilbarkeit vom Einzelfall auf den gesamten Volkskörper übertrugen und sich als Retter der Volksgemeinschaft fühlen wollten. Natürlich auch schon da, wo systematisch während der 30er Jahre die Ernährung und das Personal in den Krankenhäusern reduziert wurde und für jeden einzelnen Patienten immer weniger Lebensraum zur Verfügung gestellt wurde; denn dadurch mußte sich zwangsläufig der Wert der ohnehin schon Minderwertigen in den Augen ihrer sozialen Verwalter weiterhin vermindern, so daß, zumal nach begeisterter Zustimmung zur Sterilisierung, die Patienten für sie viel zu sehr zur Sache geworden waren, als daß sie brennend genug sie noch hätten lieben und sich für sie einsetzen können. Der Prozeß der ständigen

Entwertung und Verdinglichung von Menschen war über ein Jahrhundert hinweg zu schleichend vor sich gegangen, als daß die sozial Verantwortlichen für die nur-noch-sozialen Menschen hätten bemerken können, wie ihr Blick allmählich zum Pannwitz-Blick wurde. Diese Seite der Entwicklung ihres Faches, die sie als ständigen Fortschritt in Wissenschaftlichkeit und Ethik gefördert, erlebt, gefeiert und propagiert hatten, war ihnen entgangen.

Gleichwohl haben die meisten sozialen Täter-Bürger in der Auseinandersetzung mit den Euthanasie-Verantwortlichen immer wieder beteuert, daß sie sich ja an der Aktion beteiligen würden, wenn sie nur gesetzlich wäre, wobei kein Mensch auseinanderhalten kann, wie Widerstand und Opportunität sich hier durchmischten. Dem mögen die Organisatoren durch den Entwurf eines Euthanasie-Gesetzes Rechnung getragen haben, abgesehen davon, daß die Verwirklichung jeden anspruchsvollen sozialen Programms zumindest zum Teil davon lebt, zunächst Fakten zu schaffen, die erst im Nachhinein ihre gesetzliche Fassung finden. Außerdem hatte die Entwicklung eines solchen Entwurfs den großen Vorteil, daß in mehreren Diskussionsrunden zahlreiche Universitäts- und Anstaltspsychiater, aber auch Juristen aus den beteiligten Ministerien, aber auch Heydrich in den Prozeß verflochten und zu einer verschworenen Gemeinschaft geformt werden konnten. Wir verdanken Aly und Roth den Versuch, aus den erhaltenen Diskussionsprotokollen den wohl endgültigen Wortlaut des Gesetzentwurfes rekonstruiert zu haben. Titel, Präambel und die ersten 2 Paragraphen lauten folgendermaßen: *"Gesetz über die Sterbehilfe bei unheibaren Kranken.*
Präambel
Die Erhaltung des Lebens von Menschen, die wegen einer unheilbaren Krankheit ein Ende ihrer Qual herbeisehnen oder infolge unheilbaren chronischen Leidens zum schaffenden Leben unfähig sind... (weiterer Wortlaut unbekannt. Inhalt sinngemäß: ...ist mit den sittlichen Normen der Volksgemeinschaft nicht zu vereinbaren.)
§ 1
Wer an einer unheilbaren, sich oder andere stark belästigenden oder sicher zum Tode führenden Krankheit leidet, kann auf sein ausdrückliches Verlangen mit Genehmigung eines besonders ermächtigten Arztes Sterbehilfe durch einen Arzt erhalten.

§ 2
Das Leben eines Kranken, der infolge unheilbarer Geisteskrankheit sonst lebenslänglicher Verwahrung bedürfen würde, kann durch ärztliche Maßnahmen, unmerklich für ihn, beendet werden." [31]

Der Zusammenhang zwischen den beiden Indikationen in den Paragraphen 1 und 2 ist für uns alles andere als neu. Er greift die fortschrittlich-liberale Diskussion um den Suizid und das Recht auf den eigenen Tod der 90er Jahre auf und verwirklicht eben diese liberale Forderung, wonach das Recht auf den eigenen Tod das Recht auf Selbstbestimmung krönt, verbunden mit dem Pferdefuß des § 2, wonach aus eben diesem Recht auf Selbstbestimmung folgt, daß diejenigen, die für sich selbst nicht sprechen können, dasselbe Recht haben müssen, das nach Lage der Dinge nur das Recht auf den Tod sein kann, wofür das Gesetz und die Medizin stellvertretend einstehen. Der NS-Staat als Vollstrecker des liberalen Rechts auf Selbstbestimmung – niemand aus der Zeit Forels und Josts hätte gegen dieses Gesetz etwas einwenden können.

Nach Abschluß der industriellen Massentötung durch Vergasung wurde dies Verfahren auf die Sanierung des gesamten europäischen Raumes ausgedehnt und auf die industrielle Vernichtung bestimmter Gruppen äußerer Feinde übertragen, insbesondere einschließlich der europäischen Juden. Es ist zwar schwer zu sagen, aber doch wahrscheinlich, daß der hinter den Erwartungen zurückbleibende Erfolg der Kriegsführung das Gefühl, für die welthistorische Mission nicht mehr genug Zeit zu haben und damit das Selbstgefühl des Heroischen noch einmal verstärkt haben, was zur Wannseekonferenz und ihren Folgen geführt hat. Die Juden brauchte man jetzt wieder mehr als Schuldige für die eigenen Schwierigkeiten und konnte es schon gar nicht zulassen, daß sie überleben sollten, wo doch die Möglichkeit des eigenen Scheiterns jetzt nicht mehr auszuschließen war. Symbolischer Übergang vom innen-zum außenpolitischen Programm des industriellen Tötens: als Auschwitz in ein Vernichtungs-Konzentrationslager umgerüstet werden sollte, schickte man eine Gruppe von Häftlingen in die Psychiatrische Euthanasieanstalt Sonnenstein, ließ sie dort vergasen, um daraus technische Lehren für das weit umfangreichere Programm in Auschwitz zu ziehen. Aber auch die meisten anderen Vergasungsanlagen einschließlich ihrer erfahrenen Bedienungsmannschaften wurden zu technischen und personellen Kristallisationskernen der verschiedenen Vernichtungs-Konzentrationslager auf polnischem Gebiet. So erweiterte sich die Endlösung der Sozialen Frage zur Endlösung der Judenfrage.

Was die weitere Vernichtung der inneren Feind-Gruppen angeht, so wurden einerseits die einzelnen psychiatrischen Krankenhäuser ermutigt, mit mehr medizinischen Mitteln, wie Spritzen, Tabletten oder Hungerkost, kleinere oder größere Gruppen von Unheilbaren zu therapieren, zu erlösen. Die deutschen Konzentrationslager wurden zur Hebung ihrer Produktivität von unheilbaren Minderwertigen befreit, die in psychiatrische Krankenhäuser überstellt und dort getötet wurden. Um insbesondere in vom Luftkrieg bedrohten Regionen Lazarettraum zu schaffen, rüstete man einige psychiatrische Krankenhäuser in Polen so um, daß auch hier in größerem Maßstab getötet werden konnte. Dorthin wurden auch in den Folgejahren größere Transporte von Unheilbaren aus dem Reichsgebiet gelenkt. Schließlich ist in den letzten Jahren die Ausweitung des Programms des therapeutischen Tötens auch auf andere Gruppen der Sozialen Frage, der Gemeinschaftsunfähigen zu beobachten, was auch von lokalen Aktivitäten abhing. Dabei konnte es sich um Bewohner von Altenheimen, um Obdachlose, um körperlich chronisch Kranke oder um Tuberkulosekranke handeln.

Wie zur Sanierung eines überschaubaren Stadtstaates von allen gemeinschaftsunfähigen oder minderwertigen Gruppen systematisch vorgegangen wurde und wie hier geradezu exemplarisch die Verwirklichung der eigentlichen Absicht des NS-Programms der Befreiung von jeglichem sozialen Ballast angestrebt wurde, beschreibt am eindrucksvollsten das Buch "Heilen und vernichten im Mustergau Hamburg".[32]

Aber auch auf der Ebene der Gesetzgebung gibt es ein Dokument, das besser als alles andere die Kern-Absicht des NS-Programms beschreibt. Es ist das "Gemeinschaftsfremdengesetz"[33], woran viele

Jahre lang gearbeitet werden mußte, um die verschiedenen Macht-Eliten des innenpolitischen Sanierungs-Bündnisses auf einen Nenner zu bringen. Allein schon der Begriff des " Gemeinschaftsfremden" ist faszinierend: hat man mit ihm doch endlich einen so weit gefaßten Begriff gefunden, daß alle nicht zur Volksgemeinschaft und damit zu den guten, sozialen, gesunden und glücklichen Menschen gehörenden Gruppen damit zu erfassen waren, was jeweils noch nach Konjunkturlage zu variieren war. Nicht nur der Begriff des "Fremden" knüpft an, wie man wenigstens meinte, uralte abendländische Traditionen an. Auch für die Schrittfolge der Behandlung dieser Fremden kann dies gelten: In der ersten Stufe sollten für die Gemeinschaftsfremden pädagogische Maßnahmen gelten, um die Erziehbaren zu retten. Auf der zweiten Stufe galt das Prinzip der Zwangsarbeit, durchaus auch als Vernichtung durch Arbeit denkbar. Auch auf dieser Stufe hatten die Opfer noch eine gewisse Chance, sich durch entsprechende Leistungen und entsprechendes soziales Geschick zur Volksgemeinschaft zu retten. Nur für die auch auf diese Weise nicht zu sozialisierenden Gemeinschaftsfremden sollte die Stufe der medizinischen Behandlung reserviert sein. Sollte sich auch hierbei Unheilbarkeit, natürlich streng wissenschaftlich abgesichert, herausstellen, war die Möglichkeit des medizinischen bzw. therapeutischen Tötens als Akt der laufenden Verwaltung vorgesehen. Der Reichsjustizminister hatte verständlicherweise hiergegen besonders lange Widerstand geleistet, da ihm auf diese Weise das Monopol der Tötungserlaubnis weggenommen wurde. Offensichtlich hat er sich aber von dem schon beschriebenen gesellschaftlichen Sanierungsbündnis aus Reichsinnenministerium, Parteizentrale, SS, Ärzteschaft, Polizei, und Sozialbürokratie davon überzeugen lassen, daß es sich hierbei ja nicht um das Töten von Menschen, sondern eigentlich nur um das Beseitigen von Sachen handele. Insofern faßt das Gemeinschaftsfremdengesetz nur das zusammen, was von 1933-1945 die Mittel und Stufen der Verwirklichung der Kern-Absicht des Nationalsozialismus ohnehin schon gewesen waren.

7. Es ist taktisch-opportun, für das Leben zu sein

Ich hatte schon im Methoden-Kapitel über mich selbst als Untersuchungsinstrument, meine Entwicklung beschrieben: wie ich von der Erschütterung darüber, daß die Besatzungsmächte die Helden meiner Kindheit aufhängten, 16 Jahre brauchte, bis ich mich vom Antisemitismus, vom Rassismus, von den Nazi-Verbrechen der Endlösung der Judenfrage tief und schmerzhaft erschüttern lassen konnte. Immerhin reichte die damalige Erschütterung dazu, daß ich als angehender Psychiater, also sozialer Täter-Bürger, nicht gerade die gesamte Endlösung der Sozialen Frage, aber immerhin doch den Nazi-Mord an den psychisch Kranken wenigstens zum Objekt einer wissenschaftlichen Abhandlung machen konnte. Seither habe ich gesellschaftskritisch und selbstkritisch immer wieder gedacht, ich sei dem Pannwitz-Blick, der Menschen in Dingsdas verwandelt, in mir selbst auf der Spur. Ich habe die einzelnen biographischen Etappen und Ereignisse beschrieben, die mich immer wieder erneut enttäuschten und entsetzten, weil sie mir klarmachten, daß ich wieder einmal nur einer neuen Verdrängungsschicht des Pannwitz-Blickes auf die Spur gekommen war. Meine bisher letzte Etappe auf diesem Weg: 1984, also 22 Jahre nach meiner Nazi-Rassismus-Erschütterung und nachdem ich wenigstens einen Zipfel der Endlösung der Sozialen Frage zumindest mit dem Kopf bearbeitet hatte, konnte ich mich durch Gütersloher Journalisten so weit erschüttern lassen, daß ich erstmals den Gedanken denken konnte, mir die Soziale Frage stellen konnte, wie wohl die Überlebenden der NS-Endlösung der Sozialen Frage leben würden, konnte ich den ersten Zwangssterilisierten und Überlebenden von Euthanasie-Mordanstalten die Hand geben, in die Augen sehen und mit ihnen sprechen, danach auch erst für sie, dann mit ihnen allein schon für ihre Anerkennung als Opfer und Verfolgte kämpfen. Wieviele Verdrängungsschichten oder Schuppen werden mir noch von den Augen fallen? Wieviele Schuppen werde ich mir wieder neu vor die Augen kleistern, weil ich meine, sie für meine Handlungs- und vor allem Behandlungsfähigkeit zu benötigen? Wie schmerzhaft wird es sein und wie vollständig will ich es mir leisten können, meine Augen und meinen Blick, so wie sie von sich aus sind, nackt und unmittelbar kennenzulernen?

Diese Vorgabe soll mich davor schützen, bei der Beschreibung der Nachkriegsgeschichte bis zu unseren heutigen drängenden Problemen der Sozialen Frage allzu schnell in Verteidigung oder vor allem Anklage zu verfallen. Wenn ich schon auf dem Wege, nach dem Grundgesetz neben der Freiheit die Gleichheit der Menschen in der Bundesrepublik als eine Solidargemeinschaft zu sehen, von 1945 bis heute nur zentimeterweise, stets von Rückschlägen bedroht, weitergekommen bin, obwohl ich eher besonders privilegierte Chancen der Erkenntnis und Selbsterkenntnis hatte, dann darf das Folgende nicht als Besserwisserei vom hohen Roß herunter, dafür sehr wohl aber als Beschreibung der unglaublich tiefgreifenden Verankerung der die Industrialisierung begleitenden Tendenz, die Soziale Frage, den sozialen Ballast zu beseitigen, verstanden werden. In dieser langfristigen Betrachtungsweise seit Beginn des 19. Jahrhunderts ist es fast gleichgültig, ob es die Nazizeit zwischendurch gegeben hat oder nicht; auch dies gilt für alle bürgerlichen Industriegesellschaften.

Ich hatte Ihnen versprochen, noch einmal auf Hermann Simon zurückzukommen. Sie erinnern sich. Er hatte 1931 in einem Vortragsmanuskript u.a. den Satz geschrieben: “Es wird wieder gestorben werden müssen. Es fragt sich nur, welche Millionen sterben müssen. Der Tod ist und bleibt auch eine Erlösung.“ 1946 hat er in den ersten Satz handschriftlich ein Wort eingefügt, so daß er jetzt lautet: “Es wird immer wieder gestorben werden müssen“; außerdem hat er maschinenschriftlich diesen Satz wie folgt kommentiert: “Hierzu ist jetzt (1946!) zu bemerken: diese – *sachlich* auch heute noch zutreffende – Fassung des Grundgedankens würde ich heute, nach den entsetzlichen Erfahrungen aus der Hitler-Zeit (*Ermordung* der Geisteskranken u.s.w.) nicht mehr für taktisch-opportun halten. Damals hat ja niemand auch nur an die Möglichkeit solcher kommenden Ereignisse gedacht. Was ich in meinem damaligen Vortrag, dem ja auch viele Theologen beiwohnten, ausführte, richtete sich lediglich gegen die *bevorzugte* Verhätschelung alles Schwachen und Minderwertigen im Vergleich zu dem Tüchtigen und Gesunden, das auch der göttlichen Weltordnung widerspricht. Zu dieser Weltordnung gehört nun auch einmal unausweichlich das Sterben, und es widerspricht der Weltordnung – und damit dem von Gott gewollten Gesetz –, ausgerechnet das Minderwertige *bevorzugt* zu behandeln, ausgerechnet seine Lebensspanne mit allen Mitteln zu erweitern, ihm eine höhere Lebenserwartung zu verschaffen, als der tüchtige Teil des Volkes sie genießt.“[34]

Es dürfte schon ein ziemlich einmaliges Dokument sein, wie hier ein therapeutisch besonders engagierter, aktiver und begabter Psychiater das Thema des NS-Programms kurz vor und kurz nach der NS-Zeit formuliert und kontinuiert. Er bleibt bei der Unterscheidung von Tüchtigem und Minderwertigem, bleibt bei der überwiegend wahnhaften und wirklichkeitsblinden Vermutung, die Minderwertigen würden besser behandelt als die Tüchtigen, ganz abgesehen von der Frage, ob Menschen, die aufgrund ihrer Behinderung die meisten ihrer Lebensmöglichkeiten nicht ausleben können, dafür nicht vielleicht auch ein etwas längeres Leben haben dürften. Aber er hält es für “taktisch-opportun“, zumindest solange man wegen der Ermordung der Geisteskranken Schuldgefühle haben müsse, den “sachlich auch heute noch zutreffenden Grundgedanken“, daß das Sterben von Millionen Minderwertigen im Zweifel doch wohl besser sei, als das von Tüchtigen, zwar zu denken, aber auf absehbare Zeit nicht öffentlich auszusprechen. Mit anderen Worten: das Gebot der Stunde sei Verschweigen und Verdrängen. Damit hat er präzise den Ton getroffen, der für die überwiegende Zahl der sozialen Täter-Bürger der Nachkriegszeit in der Tat als opportun galt.[35] Auf diesem Hintergrund versteht man auch besser, warum ein anderer der wenigen halbwegs ehrlichen Menschen, Viktor von Weizsäcker, in seiner Nachkriegsschrift über die Euthanasie, indem er die Ermordung natürlich ebenfalls ablehnte (was natürlich für alle NS-Täter subjektiv auch galt), im Rahmen seiner ganzheitlich-psychosomatischen Betrachtungsweise seinen Gedanken einer medizinischen Vernichtungslehre aus den 30er Jahren beibehielt.[36] Ehrlich bleibt auch mancherorts hinsichtlich der Kontinuität der Sozialen Frage die Verwaltungssprache: als der Provinzialverband und spätere Landschaftsverband Westfalen-Lippe von der Besatzungsmacht aufgefordert wurde, den Verbleib der abtransportierten psychiatrischen Patienten zu dokumentieren, wurden die damit befaßten Schriftsätze überschrieben mit: “Betrifft: Beseitigung von Geisteskranken“. Es ist logisch und ethisch präzise, daß Dinge nur beseitigt werden können. Eine andere Art von Ehrlichkeit mag sich in dem Umstand spiegeln, daß sich offensichtlich in keinem anderen NS-Aktionsbereich mehr Menschen nach dem Krieg das Recht auf den eigenen Tod genommen haben als in dem Kreis der unmittelbar Verantwortlichen für die Endlösung der Sozialen Frage. Sie unterstrichen auch damit den engen Zusammenhang zwischen den 2 Indikations-Paragraphen des NS-Sterbehilfegesetzes. War es die letzte Konsequenz ihres Heroismus im Scheitern ihrer welthistorischen Mission? Oder war es die Einsicht, mit der ich einen der unmittelbaren Täter bereits zitiert habe, daß er erst nach dem Krieg den Gedanken denken konnte, daß sein Handeln Mord war, daß es sich doch nicht um Dinge, sondern um Menschen gehandelt hatte? Die Wahrheit wird in der Mitte liegen. Dabei hätten es die Suizidenten äußerlich nicht nötig gehabt. Von den unmittelbaren sozialen Endlösungstätern wurden die wenigsten verurteilt, noch weniger hingerichtet, [37] während sich für die meisten die Fortsetzung einer normalen ärztlichen, juristischen oder sonstigen Tätigkeit eröffnete, für nicht wenige glanzvolle akademische Karrieren. Für das große Heer der sozialen Täter-Bürger, für die Krankenhausärzte, die Anstalts- und Heimleiter und die sozialen Verwalter, die nur stückweise in die riesige Maschinerie des industriellen Tötens verflochten waren, waren freilich Vernehmungen, Zeugenaussagen, Ermittlungs- oder Entnazifizierungsverfahren Anlaß genug, sich um ihre berufliche oder familiäre Existenz zu sorgen und sich Verteidigungspositionen so lange zuzulegen, bis nicht nur andere, sondern auch sie selbst sie glauben konnten. Eine Zeit freien Nachdenkens über die Frage, ob die Minderwertigen Menschen oder Dinge seien, war den Wenigsten vergönnt oder wurde von ihnen den ungünstigen Umständen abgerungen. Auch dies diente der Förderung des kollektiven Verdrängungsprozesses. Man mochte nichts hören, nichts sehen, nicht mal etwas wissen. Nur so ist es auch zu erklären, daß die Protokolle des Nürnberger Ärzteprozesses gegen die Haupt-Täter, die zahlreiche eindrucksvolle und subjektiv glaubwürdige Beschreibungen der NS-Ethik beinhalten, zwar auf englisch und französisch, nicht aber auf deutsch zu lesen sind. Es fehlt offenbar bis heute ein hinreichendes Erkenntnisinteresse. Und dabei wissen wir ja inzwischen sehr gut, daß die NS-Ethik auch ein Teil unserer europäischen

Gesamt-Ethik ist: erst wenn wir sie wirklich kennen, können wir uns entscheiden, ob wir diese oder eine andere Ethik wollen. Aber es scheint weiterhin für "taktisch-opportun" zu gelten, die Tötungs-Ethik offiziell entrüstet abzulehnen, und sie im übrigen unter der Decke zu halten, vielleicht auch wirken zu lassen, ohne darüber zu sprechen, geschweige denn, sich mit ihr auseinanderzusetzen. Ein anderer Teil der Verdrängung besteht darin, daß man es in allen Bereichen der Bundesrepublik für richtig hielt, an die Traditionen der Weimarer Republik wieder anzuknüpfen. Mag dies in vielen Fragen auch richtig gewesen sein, so hatte es im Bereich der Sozialen Frage eher ungüstige Folgen: hätte man sich die Zeit genommen, die Soziale Frage von ihrer Entstehung an zu untersuchen, wäre man leichter darauf gekommen, welche Hypotheken spätestens seit 1890 auf dem Umgang mit der Sozialen Frage liegen, welche Vorentscheidungen hinsichtlich des unterschiedlichen Wertes der Menschen schon getroffen sind, wenn man in der Kategorie der Minderwertigkeit nur schon denkt. Diese Hypothek lag natürlich auch auf der Tradition der Weimarer Republik. Hier schließt sich eine weitere Verdrängung, diesmal sprachlicher Art an. Natürlich war es nicht mehr opportun, von "Minderwertigen" zu sprechen. An die Stelle haben wir sozialen Täter-Bürger andere Begriffe gesetzt. Besonders beliebt war und ist das Reden von den "Randgruppen". Wenn man aber dieses Sprachbild ernst nimmt, ist es dann nicht ebenso gefährlich wie das der Minderwertigkeit? Will das Bild nicht aussagen, daß es sich hier um Gruppen handelt, die weniger geschützt am Rande etwa eines gedachten Tellers angesiedelt sind und bei einer schnelleren Drehung des Tellers als erste über den Rand kippen, während wir sozialen Täter-Bürger uns selbstverständlich mehr in der geschützteren Mitte des Tellers befinden? Nach allem kann es am wenigsten wundern, daß in der Phase des Wiederaufbaus, des Wirtschaftswunders, der wirtschaftlichen und auch militärischen Aufrüstung die im sozialen Bereich ebenfalls erforderlichen Reformen magerer ausfielen und hinterherhinkten, was in der Zeit des großen Geldes nicht einmal sehr auffiel, weil einmal kaum jemand im sozialen Bereich von Schuldgefühlen frei genug war, um die entsprechenden durchgreifenderen Forderungen zu stellen und weil zum anderen es in einem gewissen Umfang auch nicht schwer fiel, wenigstens einige Reformansätze durchzuführen.

Selbst das Bundessozialhilfegesetz, bei allen seinen auch vorhandenen segensreichen Neuerungen, behielt u.a. den Mangel, wesentlich selbstverständlicher davon auszugehen, daß beeinträchtigte, behinderte oder eben minderwertig/randständige Gruppen in Institutionen zu betreuen wären, als daß man sie im freien bügerlichen Leben, vielleicht als Nachbar treffen und unterstützen wollte. Es liegt in derselben Logik, daß von allen sozialen Reformen die Psychiatrie-Reform die letzte war und nun wegen der knapperen Kassen schon gar nicht mehr voll durchgeführt werden kann. Deutlich wird die Verzögerung und die mindere Wertschätzung der psychisch Kranken u.a. an der Institution der "Werkstatt für Behinderte": diese Einrichtung, von der Angehörigen-Selbsthilfeinitiative der "Lebenshilfe" maßgeblich für die geistig Behinderten erkämpft, soll nach dem Gesetz alle Behinderten unter einem Dach vereinigen, kann das aber kaum noch, da ihr Stil und ihre Tradition sich auf den Umgang mit geistig und körperlich Behinderten ausgerichtet hat. Seelisch Behinderte passen daher – als störend – nicht recht dorthin.

Eine einmalige Chance, einen wesentlichen Schritt zur von den Vätern des Grundgesetzes durchaus angestrebten Solidargemeinschaft der Bundesrepublik zu tun, waren die Beratungen um das Bundesentschädigungsgesetz.[38] Die Politiker des Wiedergutmachungsausschusses und die Beamten des zuständigen Bundesfinanzministeriums haben durchaus pflichtgemäß die Frage prüfen lassen, ob auch Gruppen der Minderwertigen als Verfolgte anzuerkennen seien. Natürlich hat man damals die Betroffenen selbst nicht gefragt, da niemand auf den Gedanken kommen konnte, sie könnten für sich selber sprechen. Wenn schon die Historiker sie nicht als Subjekte der Geschichte ansehen konnten, so war dies hinsichtlich der Vertretung eigenen Rechts noch weniger denkbar. Also fragte man die für sie zuständigen sozialen Täter-Bürger, die Experten. Für die große Gruppe der Zwangssterilisierten waren dies vorwiegend Psychiater. Sie alle waren der Meinung, daß das NS-Erbgesundheitsgesetz ein rechtsstaatliches Gesetz gewesen sei und daß daher die Zwangssterilisierten weder als Opfer noch als Verfolgte anzusehen seien. So vor allem auch der kinder- und jugendpsychiatrische Ordinarius Villinger, schon in Bethel begeisterter Verfechter der Zwangssterilisierung, später auch unmittelbar in die Euthanasie-Mordaktionen verwickelt, der am 6.6.1947 auf Ersuchen der amerikanischen Militärregierung für den Gesundheitsausschuß am Stuttgarter Länderrat schon wieder ein neues Sterilisierungsgesetz ausgearbeitet hatte, aus dem freilich nichts wurde, und der schließlich Gründungsmitglied der "Lebenshilfe" wurde, die Kontinuität des Minderwertigkeitsdenkens geradezu personifizierend. Aber auch wenn einem diese Karriere den Atem verschlagen will, muß ich warnen: Villingers biographische Entwicklung ist nicht unwahrscheinlicher als meine eigene. Von den Vertretern der Kirchen äußerte sich F.v. Bodelschwingh, der Neffe des Leiters von Bethel, gleichsinnig, wenn auch mit anderer Begründung: die armen Sterilisierten hätten so viel mitmachen müssen, daß man nun nicht noch einmal alte Wunden aufreißen solle. Ohne die Betroffenen selbst gefragt zu haben, sprach er für sie und benutzte das wohlbekannte Argument des Mitleides, eine der tödlichsten Waffen im Umgang mit sozial Fraglichen. Aufgrund solcher Voten der Wissenschaft und der Kirche, die sich wieder einmal der Wissenschaft angeschlossen hatte, blieben die Gruppen der Sozialen Frage nach den entsprechenden parlamentarischen Entscheidungen in den 60er Jahren aus dem Bundesentschädigungsgesetz ausgeschlossen. Das galt natürlich nicht nur für die Zwangssterilisierten, sondern auch für die Überlebenden der Euthanasie-Mordanstalten, auch wenn sie dieselben Todesängste zu durchleiden hatten wie Häftlinge in Birkenau und entsprechende gesundheitliche Schäden hatten; darüber hinaus auch Homosexuelle, "Wehrkraftzersetzer", also Kriegsdienstverweigerer, "schwer Erziehbare", Zwangsarbeiter und das riesige Heer der sogenannten "Asozialen", also überwiegend Menschen, die dem industriellen Normendruck nicht standhalten konnten und die zu Hunderttausenden in Konzentrationslagern, in Arbeitslagern oder im Rahmen von Zwangsverpflichtungen Leben oder Gesundheit eingebüßt hatten. Es war also ironischerweise die Entschädigungsfrage, die die Gruppen der Sozialen Frage fast vollständig für die Bundesrepublik wieder einmal sichtbar gemacht hatte – natürlich mit negativem Ergebnis: sie waren nach wie vor mehr Dinge als Menschen. Verfolgte im Sinne des Entschädigungsgesetzes waren lediglich solche Menschen, die aus politischen, weltanschaulich-religiösen oder rassischen Gründen verfolgt worden waren. Bei dieser Unterscheidung zwischen

Verfolgten und damit zwischen Bürgern erster und zweiter Güteklasse ist bemerkenswert, daß die Bundesrepublik im Unterschied zu den Nazis die jüdischen Bürger aus minderwertigen zu vollwertigen und damit auch verfolgungsfähigen Bürgern gemacht hatte. Begründung: das grauenhafteste Verbrechen der Nazis sei der Rassismus und die damit verbundene Ermordung der Juden gewesen. Dies ist ein wahrer Satz, da in der Tat keine Handlungsweise der Nazis schlimmer gewesen ist. Man muß aber auch sehen, daß dieser wahre Satz, durch den die Bundesrepublik das Wesen des Nationalsozialismus auf den Rassismus einengt, auch eine Verdrängungsfunktion hat. Es wird nämlich mit dieser Lesart bis heute erfolgreich von dem Ziel der Nazis, durch Endlösung der Sozialen Frage die industrielle Gesellschaft mit ausschließlich leidensfreien Menschen zu verwirklichen, abgelenkt und damit von der unangenehmen, hautnahen Tatsache, daß der Nationalsozialismus insofern auch in der eigenen historischen Tradition und Kontinuität steht. Man kann doch nicht, selbst wenn es um die NS-Verfolgung geht, die minderwertigen mit den vollwertigen Bürgern gleichstellen! Deutlich wird diese Verdrängungsabsicht an 2 weiteren Verfolgten-Gruppen. Die Kommunisten waren nach der gesetzlichen Definition eindeutig politisch Verfolgte; hatten sie sich aber nach 1945 weiterhin eindeutig zum Kommunismus bekannt, waren sie aus dem Gesetz ausgeschlossen, wurden zu den Minderwertigen geschlagen. Noch deutlicher wird dies an den Sinti und Roma: sie waren eindeutig rassisch Verfolgte, auch nach dem Gesetz; dies war aber unangenehm, da sie nicht nur nach dem nationalsozialistischen, sondern auch nach dem bundesrepublikanischen Selbstverständnis zu den Minderwertigen gehörten, weshalb sie trotz formaler Anerkennung in zahllosen Fällen nicht entschädigt wurden, wobei man u.a. argumentierte, sie seien vielleicht wegen ihrer kriminellen Anlagen verfolgt worden. Eine Chance zur schlichten Feststellung, daß Menschen Menschen sind, wenigstens angesichts der Verfolgung, war vertan. Die Kontinuität der Sozialen Frage war immer noch zu mächtig. Nach wie vor war zu unterscheiden zwischen brauchbarem und unbrauchbarem menschlichem Leben für die bürgerliche Industriegesellschaft. Und die Experten wußten das besser als die Betroffenen selbst.

8. Gehn wir Behinderte vergiften im Heim

Die Überschrift dieses Kapitels ist die Abwandlung eines satirischen Liedtitels des Wiener Sängers und schwarzen Humoristen Georg Kreißler. Ich will damit unsere heutige Situation anspielen oder aufreißen. Denn wenn nicht alles täuscht, geht heute die Nachkriegszeit allmählich zu Ende, in der es im Sinne einer zudeckenden Doppelmoral "taktisch-opportun" war, für das Leben zu sein. Heute beginnen wir, wieder offener über die Entscheidung zwischen Leben und Sterben, zwischen Leben fördern oder töten zu sprechen. Unter der Doppelmoral und der Verdrängung, von denen ich im letzten Kapitel sprach, mußten viele Menschen leiden. Sie waren aber vielleicht auch heilsam. Das ist mir aufgegangen, als ich mit 30 anderen psychiatrisch Tätigen unterschiedlicher Berufszugehörigkeit im Frühjahr 1987 in Polen war. Es war eine Art Pilgerreise, das erste Mal, daß soziale Täter-Bürger aus der Bundesrepublik es für nötig fanden oder wagten, einige der psychiatrischen Krankenhäuser aufzusuchen, in denen während der NS-Zeit am meisten Menschen ermordet wurden, .u.a. Messeritz, Tiegenhof und Warta. Wir haben die dortigen Gedenkstätten aufgesucht, Blumen niedergelegt und Kerzen angezündet. Anschließend waren wir in Krakau und haben dort überwiegend in Familien ehemaliger Auschwitz-Häftlinge geschlafen. Immer wieder äußerten unsere unterschiedlichen Gesprächspartner: "Was regt ihr euch so auf, daß 40 Jahre Schweigen war, daß ihr 40 Jahre gebraucht habt, bis ihr uns besuchen konntet. Selbst wir Opfer können heute besser über manches sprechen, was wir bisher mit Schweigen zugedeckt haben. Ihr habt diese 40 Jahre gebraucht."

In der Tat wundere ich mich anhaltend darüber, wieviel mehr Menschen, besonders aus der jüngeren Generation, leichter über die NS-Zeit und ihre Kontinuität nach vorn und nach hinten nachdenken können, wie mehr Abstand mehr Nähe ermöglicht, jenseits von Verteidigung und Anklage und auf unsere heutige Situation bezogen. Das ist die eine Seite. Die andere Seite ist aber offenbar untrennbar damit verbunden: es wird wieder offener und öffentlicher, ohne taktisch-opportune Verdeckung darüber gesprochen, ob das eine oder andere Leben lebenswert oder noch lebenswert sei. Fundamentale Fragen etwa der Sterbenhilfe, der Sterilisierung oder der Gen-Technologie, bisher abgeschoben oder unter einem Grauschleier verborgen, drängen sich jetzt auf, wollen von jedem einzelnen von uns eine Entscheidung. So könnte es sein, daß die 90er Jahre des 20. Jahrhunderts in der durchaus auch brutalen Offenheit der Frage, welches Leben brauchbar und lebenswert und welches Leben das nicht sei, also in der Frage, ob der Mensch unterschiedlichen Wert haben könne, vergleichbar sein werden mit den 90er Jahren des 19. Jahrhunderts. Wenn das so sein sollte, dann hätten wir heute erneut die Möglichkeit, Weichen für lange Zeit zu stellen, Weichen, bei denen unsere heutigen Entscheidungen Chancen und Risiken für die Zukunft beinhalten. In folgendem gehe ich davon aus, das dies so sei, und werde versuchen, unser gesamtes Wissen über die Industrialisierung und die damit zusammenhängende Soziale Frage mit all ihren mir bis heute bekannten Konsequenzen einzubringen, um – nach Möglichkeit – die heutige Situation so gut auszuleuchten, daß die jeweiligen ethischen Alternativen sichtbar werden. Ich werde mich dabei bemühen, gerade auch die ethische Alternative des Pannwitz-Blicks und des NS-Weges als eine Möglichkeit vollständig ernst zu nehmen. Dies einmal deshalb, weil ich inzwischen weiß, daß auch diese Alternative eine meiner eigenen Möglichkeiten ist. Zum anderen aber auch, weil man nur dann, wenn man den Gegner nicht nur kennt, sondern auch respektiert, einen tragfähigen und glaubwürdigen eigenen Weg finden kann.

Beginnen muß ich naturgemäß damit, daß wir heute vielleicht den gewaltigsten Technologie-Schub der Geschichte der Industrialisierung durchmachen dürfen, aber auch müssen. Dies erschüttert das Gefüge unserer Gesellschaft fundamental. Für uns ist hieran besonders wichtig, daß sämtliche einfachen Arbeitsplätze durch diesen Prozeß wegrationalisiert werden, einfach verschwinden. Dies gilt für die sogenannnten einfachen Arbeitsplätze in der Landwirtschaft, in den bürgerlichen Haushalten, im Einzel- und Großhandel, im Handwerk und jetzt auch in der eigentlichen Industrie sowie in den Büros und ähnlichen Einrichtungen des Dienstleistungsbereiches. Vor kurzem berichtete mir der Personalchef eines Konzerns mit 30.000 Beschäftigen, daß im Jahre 1995 der letzte ungelernte Mitarbeiter verschwunden sein wird. Natürlich wird vor allem in den Bereichen Haushalt, Handel und Dienstleistung ein beträchtlicher Teil der wegrationalisierten Arbeit nicht verschwinden, sondern auf dem Wege der Umstellung auf Maschinen aus bezahlter Fremdarbeit in unbezahlte Eigenarbeit der Konsumenten und Kunden überführt. Hier verschwindet zwar nicht die Arbeit, wohl aber der Arbeitsplatz und damit der Arbeitnehmer. Er wird freigesetzt. Es entstehen auch fortlaufend neue Arbeitsplätze, in der Industrie, mehr noch im Dienstleistungsbereich, auch im Sozialbereich. Aber das sind keine einfachen Arbeitsplätze, sondern kompliziertere, an die Qualifikation einer Ausbildung gebunden, komplizierter entweder im Sinne der technischen Intelligenz oder im Sinne der kommunikativen Intelligenz, also der Befähigung, flexibel, geduldig und geschmeidig Menschen zu beraten, zu verwalten, zu organisieren, zu behandeln – ähnlich wie im Bereich der technischen Intelligenz intelligente Maschinen zu warten sind. Aber das alles sind Arbeitsplätze, die die einfachen Menschen von den ehemals einfachen Arbeitsplätzen nicht wahrnehmen können/wollen. Menschen lassen sich nicht nach Belieben qualifizieren, komplizieren, flexibilisieren, kommunikationsfähig machen und damit an den gesteigerten Normendruck und die Ansprüche der neuen Arbeitsplätze anpassen. Sie wären entweder sofort oder nach einiger Zeit überfordert, müßten mit Krankheit, Verhaltensauffälligkeiten oder anderen Unregelmäßigkeiten reagieren und würden ausgemustert. Die heute begeistert geforderte Qualifizierungsoffensive findet an der besonderen Menschlichkeit der einzelnen Menschen ihre Grenze, die aber niemand ausspricht oder auch nur interessiert: denn jenseits dieser Grenze sind keine Menschen mehr, sondern nur-noch-soziale Menschen, also Sachen, also Ausschuß. Und dies mit Recht, denn alle bekannten Anthropologien gehen davon aus, daß der Mensch sich durch Arbeit, durch Bearbeiten von Sachen verwirklichen will, selbst wenn er noch so behindert wäre. Fazit: wir haben jetzt außer den alten Arbeitslosen, die immer schon aufgrund von Krankheit, Behinderung oder anderen Beeinträchtigungen vom Arbeitsmarkt ausgegrenzt und zur Sozialen oder Medizinischen Frage geworden sind, heutzutage die neuen Arbeitslosen, die auf den einfachen Arbeitsplätzen durchaus erwerbsfähig waren, aber jetzt ebenfalls industriell unbrauchbar geworden sind. Das sind heute immerhin schon 10% der bisher eigentlich Erwerbsfähigen. Da sich der unschöne Begriff der körperlichen, geistigen oder psychischen Behinderung inzwischen in der Verwaltung gut etabliert hat, könnten wir die neuen Behinderten die technologisch oder kommunikativ Behinderten, die sozial Behinderten nennen. Sie erweitern heute den ohnehin schon großen Bereich der Gruppen der Sozialen Frage noch einmal beträchtlich. Für sie müssen natürlich neue soziale Täter-Bürger, Betreuer oder Kontrolleure geschaffen werden. Und nach den Erfahrungen der letzten 100 Jahre kann ich leicht vorhersagen, daß auch diese Gruppe in der nächsten Zeit medizinisiert und für heilbar oder unheilbar erklärt wird. In dem Prozeß ihres abnehmenden Wertes als Menschen und damit auch ihres Selbstwertes werden sie in der nächsten Zeit allen möglichen aktiveren therapeutischen Verfahren unterzogen werden, schon wegen der Marktgesetze. Das wird nicht viel ändern an ihrer industriellen Brauchbarkeit, da die besondere Menschlichkeit jedes einzelnen Menschen sich nicht wesentlich ändern läßt. Abgesehen davon, daß sie nach erfolglos durchlaufener Therapie zu den Unheilbaren zu rechnen sind und in ihrem gesellschaftlichen Wert ebenso wie in ihrem Selbstwert noch einmal verloren haben. Nach der bisherigen Geschichte kann man sagen: das ist der Lauf der Dinge, der nicht nur sachlichen, sondern auch logischen und ethischen Sachzwänge. Das Panoptikum der Randgruppen ist um eine weitere, schon zentripetaler gelegene bereichert. Der weniger geschützte und gefährdetere Rand der Gesellschaft ist breiter geworden.

Dieser Prozeß verknüpft sich gleichsinnig mit dem weiteren Prozeß, daß wir in unseren Gesellschaften immer mehr alte Menschen haben. Besaßen alte Menschen früher Seltenheitswert und wurden entsprechend verehrt, so inflationieren sie heute und entwerten sich dadurch. So entstehen Begriff wie "Altenlastquote", "Altenberg" oder "Überalterung der Gesellschaft", wobei man sich freilich vergeblich fragt, wer hier wo welchen Maßstab mit welchem Recht setzt.[39] Wie auch immer, jedenfalls kosten alte Leute mehr Geld als junge. Ohne etwas noch dafür zu leisten, verbrauchen sie das Geld der Rente oder der Sozialhilfe, vor allem wenn sie in das ständig expandierende System von Altenheimen, Altenpflegeheimen oder Pflegeheimen teuer betreut und verwahrt werden müssen. Die "Überalterung" belastet zusätzlich erheblich die Soziale Frage. Und auch hier wird die Soziale wieder zur Medizinischen Frage, da alte Leute öfter ins Krankenhaus müssen und mehr Medikamente brauchen. Und da die Krankenhäuser sich im Sinne des medizinisch-industriellen Komplexes immer mehr zu spezialisierten Hochleistungszentren mit kurzer Verweildauer, insbesondere für die hochleistungsfähigen Spezialisten, die immer weniger werdenden industriell noch Benötigten und Brauchbaren entwickeln, für die keine Kosten zu hoch sind, wächst auch von daher der Druck, alte Leute, wenn sie nicht mehr alleine zurechtkommen, in Pflegeheimen zu konzentrieren. Zumindest ist das auch gut für das Ordnungsgefühl von uns Täter-Bürgern: auf unserem nach wie vor begangenen Weg des Fortschritts zur leidensfreien Gesellschaft aus lauter guten, sozialen, gesunden und glücklichen Menschen – diesen Idealismus wollen wir uns immer noch nicht nehmen lassen – ist es störend, ständig in der Familie, in der Nachbarschaft, im Verkehr, im Supermarkt oder sonstwie in der Öffentlichkeit mit der Existenz von Häßlichen, Verwirrten, Desorientierten, vielleicht Ekel Erregenden oder auch nur Mühseligen und Beladenen konfrontiert zu werden. Könnte es nicht unerträglich sein, so leben zu müssen? Zwar sind die Berechnungen unterschiedlich. Doch folgen wir einmal den Prognosen, wonach im Jahre 2030 ein Drittel der Bevölkerung der industrialisierten Gesellschaften über 65 Jahre alt sein wird. Rechnen wir dann noch die alten und die neuen Behinderten, die auch technologisch und kommunikativ Unbrauchbaren hinzu, die sich bis dahin aufgrund des weiteren Fortschritts der Automatisierung vielleicht auch auf ein Drittel der Gesamtbevölkerung belaufen werden. Und bedenken wir zudem, daß dann auch nur dadurch nicht noch mehr Menschen industriell überflüssig geworden sein werden, weil wir wie seit Anfang des 19.Jahrhunderts alle denkbaren pädagogischen Mittel (Qualifizierungsoffensive) ausschöpfen werden. Dann werden wir im Jahre 2030 nicht mehr nur die Zwei-Drittel-Gesellschaft haben, die Grotjahn in den 20er Jahren errechnet hat, sondern nur noch die Ein-Drittel-Gesellschaft. Ich werde dann durch meine Arbeit ständig 2 weitere Menschen, überflüssige Esser, Ballastexistenzen durchzufüttern haben, obwohl meine Arbeit durch weitere Qualifizierung schwieriger, veranwortlicher, intensiver und daher anstrengender und streßvoller sein wird.

Einem Drittel der dann noch industriell brauchbaren Volksgemeinschaft werden zwei Drittel Gemeinschaftsfremde gegenüberstehen. Da alle pädagogischen Maßnahmen ausgeschöpft sein werden und da, anders als früher, auch während der NS-Zeit, das Arbeiten als Beeinflussungsmittel ausscheidet, da die Betroffenen im Arbeitsprozeß nur stören würden, bleibt eigentlich nur übrig, die so aufgeblähte Soziale Frage wie schon früher, zu medizinisieren, zur Medizinischen Frage zu machen, und das hieß immer schon, zur Frage auf Leben und Tod. Ist es dann noch verwunderlich, wenn heute zur Weichenstellung, zur Vorbereitung auf die Lösung dieser kommenden Probleme, ähnlich wie 1890 und wie in der NS-Zeit, wieder die Ethik des Rechts auf den eigenen Tod federführend wird? Müssen wir dann nicht schon zur Selbsterhaltung, zum Überleben von uns Tüchtigen, wieder den Pannwitz-Blick in uns aktivieren und schärfer unterscheiden, von welchen der gedachten konzentrischen Kreise des Gesellschafts-Tellers an menschliches Leben lebensunwert wird? Und wenn ja, dann brauchen wir hierfür neue Kriterien, die besser an unsere heutigen gesellschaftlichen Erwartungen angepaßt sind, daher auch eher von uns Tätern wie auch von den Opfern geglaubt werden können. Zwar gilt das eher grobe, äußerliche Kriterium der industriellen Brauchbarkeit immer noch. Auch das etwas feinere Unterscheidungsmerkmal der bürgerlichen Wohlanständigkeit und Anpassungsfähigkeit ist, vor allem als Kommunikationsfähigkeit weiterentwickelt, in Kraft. Da wir aber unsere Wirklichkeit aus immer noch rätselhaften Gründen seit dem 19. Jahrhundert fortlaufend verinnerlichen und psychologisieren, geht heute eine Denkfigur besonders gut unter die Haut und kann sogar noch von den Opfern als Zeichen der Solidarität erlebt werden, die wir aus dem auch schon älteren Motiv des Mitleids mit den Opfern weiterentwikkelt haben. Dabei kommt auch der Denkzusammenhang zwischen den beiden Indikationsparagraphen des NS-Sterbehilfegesetzes wieder zum Zuge: wir stellen uns vor, vor allem wenn wir uns gut, sozial, gesund und glücklich finden, daß ein schlechter, unsozialer, kranker und unglücklicher Zustand schon für uns, aber mehr noch für Andere, die ohnehin schon objektiv in einem der randständigeren Bereiche des Gesellschafts-Tellers angesiedelt sind und daher nicht so gut für sich selbst sprechen können, irgendwann eine Grenze erreicht, jenseits derer menschliches Leben unerträglich und daher lebensunwert wird, wo daher der Tod als letzte Stufe des Rechtes auf Selbstbestimmung nur noch als Erlösung und Befreiung begrüßt werden kann. Das Maß des Leidens und der zu erduldenden Schmerzen, nicht ohne Schuld des Fortschrittsoptimismus der Mediziner ohnehin nicht mehr zum Wesen des Menschen, schon gar nicht des Menschen der Zukunft gerechnet, markiert die Grenze zur Unerträglichkeit des Lebens, die Menschen von Dingen unterscheidet. Das qualvolle Vegetieren an den Schläuchen von Intensivstationen gibt heute ein noch suggestiveres Bild dafür als das qualvolle Vegetieren der geistig Toten in den Anstalten, da wir vermuten, daß ersteres uns schneller als letzteres passieren kann. Die Medienwirksamkeit solcher Bilder von der neuen Unerträglichkeit menschlichen Lebens, abgeleitet vom moralisch hoch bewerteten Mitleid mit der leidenden Kreatur ist groß – von der Boulevardpresse bis zu den seriösen links-liberalen Zeitungen. Nach Umfragen sollen 80% der Bevölkerung für eine so begründete aktive Sterbehilfe sein – zur Rettung des abendländischen Wertes der Würde des Menschen durch einen würdevollen Tod. Unsere Bevölkerungsmehrheit kann sich damit aber auch auf eine Entschließung des deutschen Juristentages von 1986 stützen: "Es empfiehlt sich, bei der Tötung auf Verlangen gesetzlich die Möglichkeit vorzusehen, daß das Gericht von Strafe absehen kann, wenn die Tötung zur Beendigung eines unerträglichen Leidenszustandes vorgenommen worden ist." Damit soll mir auch das Risiko der Selbsttötung abgenommen werden: auch mein Sterben in einer für mich unerträglichen Situation ist nicht mehr meine Sache, kann mein Arzt für mich besorgen. Während noch der NS-Reichsjustizminister sich dagegen wehrte, daß der Justiz das Monopol des Tötens aus der Hand genommen werden sollte, sind die Mehrheit der Bevölkerung und auch der Juristen heute für die vereinfachende Lösung, zu der die NS-Verantwortlichen sich im "Gemeinschaftsfremdengesetz" schließlich durchgerungen haben, daß nicht nur in objektiv unheilbaren, sondern schon in subjektiv unerträglichen Leidenszuständen das Töten als administrative Maßnahme, als Geschäft der laufenden Verwaltung, durch den Arzt erlaubt sein solle. Und es sind auch heute gerade die fortschrittlich-liberalen Juristen, die diese Erlaubnis den konservativ-rückständigen Kräften, wie etwa der Bundesärztekammer abringen wollen. Mit der Suggestion zumindest des Anspruchs der Leidensfreiheit im gesellschaftlichen Tellerzentrum haben wir Täter-Bürger das Leiden und damit die Unerträglichkeit menschlichen Lebens in die Randgruppen des Tellerrandes verdrängt, also dorthin, wo die Menschen ohnehin immer kreatürlicher und dinglicher werden, und ziehen die Konsequenzen des Mitleids daraus. Auf die Frage: "Tötung auf wessen Verlangen?" lautet die Antwort: "auf Verlangen der meinungsbildenden Mehrheiten in unserer Gesellschaft." Der Bevölkerungswissenschaftler H.W. Jürgens [40] hat daher auch 1985 gemeint, man müsse die Sozialethik so verändern, daß "Selbstmord aus Verantwortung" möglich wird, gewissermaßen als Beitrag des Einzelnen zur Kostendämpfung im Sozial- und Gesundheitswesen. Offenbar bedarf es aber hierzu keines großen Aufwandes mehr, da eine solche Erwartunghaltung in der Bevölkerung sich ohnehin ausbreitet. Da unter den genannten Voraussetzungen die überflüssigsten Kosten in den Heimen entstehen, wäre es da für uns nicht logisch und ethisch verantwortlich, in die Heime zu gehen und die dort lebenden Alten, Kranken, Behinderten und Sterbenden zu vergiften? Hier ist die größte Wahrscheinlichkeit, daß Menschen auch mal längerfristig verzweifelt sind und ihr Leben unerträglich finden. Sie würden es doch wollen und tun, wenn sie nur hinreichend bewußtseinsklar und handlungsfähig wären. Wie sich in den letzten Jahren schon gezeigt hat, ist dies Verfahren aber auch im Sinne der Hauspflege als Betreuung im Einzelfall anzuwenden. Die ambulanten Laienhelfer der "Deutschen Gesellschaft für humanes Sterben" und andere Aktivisten wie Hackethal, die die buchstäbliche Speerspitze für das fortschrittlich-liberale Recht auf Selbstbestimmung gerade im Tode heute schon bilden, müssen freilich nicht auf die gesetzliche Freigabe der Vernichtung lebensunwerten Lebens durch aktive Sterbehilfe warten: die erlaubte Beihilfe zum ebenso erlaubten Suizid dürfte in den meisten Fällen ausreichen, da der gesellschaftliche Erwartungsdruck inzwischen hinreichend groß geworden ist. Das haben die letzten Prozesse gezeigt. Wenn freilich in der letzten Zeit auch solche Verfahren sich vermehren, in denen Pfleger oder Krankenschwestern alte, kranke oder behinderte Menschen in Heimen oder Krankenhäusern von ihrem unerträglichen Leiden erlöst haben, dann sind sie allerdings mit einer größeren Wahrscheinlichkeit strafrechtlich verurteilt worden. Denn einmal muß der Unterschied zwischen Ärzten und Hilfspersonal gewahrt bleiben. Und zum anderen ist das Prinzip der Betreuung des Einzelfalles streng zu respektieren, wie dies auch die NS-Verantwortlichen, von der Abarbeitung des Überhangs an industriell Unbrauchbaren abgesehen, im Prinzip gefordert haben. Daß unabhängig von der Ethik der Sterbehilfe oder Euthanasie im Einzelfall unsere Gesellschaft bei der gegebenen Entwicklung gezwungen ist, die Sozial- bzw. Gesundheitskosten nach Möglichkeit auf das eine Drittel der industriell Brauchbaren zu konzentrieren, diese Kosten für den sozialen Ballast zu den Randgruppen des gesellschaftlichen Tellerrandes hin aber auszudünnen, versteht sich. Dennoch ist es nicht ungünstig, daß der Himmel oder die Natur ein Einsehen hatten und uns ausgerechnet zum jetzigen Zeitpunkt unserer gesellschaftlichen Entwicklung die Krankheit Aids geschickt haben: kommen doch hier die Soziale und die Medizinische Frage, die Fragen der Kosten und der Unheilbarkeit sowie die Frage unserer Toleranzgrenzen gegenüber Homosexuellen und Drogenabhängigen, schließlich auch die Frage nach dem Recht, ein Leben unerträglich und sinnlos zu finden, und damit nach dem Recht auf einen würdigen Tod, komprimiert auf wenige Menschen so erschütternd und fundamental zusammen, daß damit auch dem Letzten klar werden muß, daß trotz aller Bemühungen jede Solidargemeinschaft irgendwo ihr Ende findet.[41]

Wie in der ganzen Geschichte der Sozialen Frage gehört es auch zu den Problemen des letzten Absatzes, ob und warum es erlaubt sein kann, daß wir Täter-Bürger etwas besser wissen, als die davon betroffenen Angehörigen einer Randgruppe. Das ist z.B. psychiatrisches Alltagsproblem im Umgang mit psychisch Kranken oder Behinderten. Aus diesem Umkreis gibt es gegenwärtig aber ein Problem, das, wenn auch scheinbar nebensächlich, von ähnlichem ethischen Gewicht ist, wie die Frage der aktiven Sterbehilfe. Es handelt sich darum, daß der Bundesjustizminister den Diskussionsentwurf zu einem neuen Vormundschaftsgesetz vorgelegt hat. Dieses begrüßungswerte und längst überfällige Unternehmen, das damit aufräumen will, daß Menschen heute noch nach Denkweisen, die 100 Jahre alt sind, zu Mündeln und damit auch hier mit Dingen vergleichbar werden, will erstmals auch die Sterilisierung nichteinwilligungsfähiger Behinderter regeln. Nach einem recht strengen Indikationskatalog soll es erlaubt sein, Behinderte, die keinen rechtserheblichen Willen haben können, auch ohne einen solchen Willen zu sterilisieren, wenn der Vormund oder, wie es später heißen soll, der Betreuer dies für sinnvoll hält und wenn das Vormundschaftsgericht dem zustimmt. Auch gegenüber gewissen verfassungsrechtlichen Bedenken, ob die Zustimmung zu einer Sterilisierung, also zu einem tief in das Persönlichkeitsgefüge reichenden Eingriff, durch einen Dritten bzw. durch ein Gericht ersetzbar sei, leuchten die pragmatischen Vorteile jedem ein. Einmal würde damit das Unwesen aus der Welt geschafft, daß es von 1945 bis heute kontinuierlich in einer Grauzone gewissermaßen "wildes Sterilisieren" gab: verzweifelte Eltern oder Anstaltsleiter fanden mitleidige Ärzte, die die in der Regel geistig behinderten Kinder, Jugendlichen oder Erwachsenen sterilisierten, weil alle Beteiligten sonst keinen Ausweg wußten. Wer Angehörige oder Betreuer von geistig Behinderten ist oder kennt, kann sich deren Not nicht groß genug vorstellen. Zum anderen hätte eine solche Maßnahme die segensreiche Auswirkung, daß der oder die Betoffene sowohl im sexuellen Bereich als auch ganz allgemein wesentlich größere Freiheitsgrade der eigenen Entwicklung hätte. Die Sterilisierung diente der Entfaltung der Persönlichkeit und der Emanzipation des Betroffenen. Schließlich wird die Zulässigkeit für eine solche Sterilisierung damit begründet, daß es ja auch bei der Schwangerschaftsunterbrechung sowohl die medizinische als auch die eugenische und soziale Indikation gebe. Da bisher niemand darauf gekommen ist, eine solche Maßnahme einem nichteinwilligungsfähigen Behinderten vorzuenthalten, sollte dies um so weniger für die Sterilisierung gelten. Da zudem der Gesetzesentwurf auch noch das Verbot der Sterilisierung von minderjährigen Behinderten vorsieht, so daß ein denkbarer Mißbrauch durch Eltern ausgeschlossen ist, kann jeder fortschrittlich-liberale Bürger einer solchen Neuerung doch nur zustimmen, selbst wenn ein Behinderter auf diesem Wege zu seinem Vorteil, "in seinem wohlverstandenen Interesse" ein Stück weit verdinglicht würde. Oder muß man den Schutz des Lebens derart übertrieben verabsolutieren?

Abschließend noch ein letztes Bespiel aus der zunehmenden Zahl ethischer Probleme, bei denen es um die Frage nach dem Wert menschlichen Lebens geht, die sich uns heute immer mehr aufdrängen, die aber wenigstens wieder offen diskutierbar werden. Das Beispiel stammt aus dem Bereich der Gen-Technologie, der offenbar überhaupt nur dann existieren kann, wenn ihm erlaubt wird, die verschiedenen Zustände und Entwicklungsphasen menschlichen Lebens mit unterschiedlichen Mensch- und Dingwerten zu belegen. Nachdem schon seit Jahren in vielen Ländern Forschungen an lebenden menschlichen Embryonen erfolgt sind, wird dies durch den wissenschaftlichen Beirat der Bundesärztekammer legitimiert und durch eine hochkarätig besetzte Kontroll-Komission überwacht. Dies wird von dem Freiburger Psychiater R. Degkwitz[42] Anfang 1988 in einem "Offenen Brief an die Ärzte der Bundesrepublik Deutschland" kritisiert: "Es sorgen, mit anderen Worten, hochrangige Vertreter aller Bereiche der Wissenschaft und des öffentlichen Lebens für die geordnete Tötung menschlichen Lebens, denn nichts anderes bedeutet "verbrauchende Forschung" . Seit Anfang 1987 gibt es vom Bundesjustizminister den Entwurf eines Embryonen-Schutzgesetzes, das schlicht die Erzeugung von Embryonen zu Forschungszwecken verbieten will. Aus Sorge um die Freiheit dieser Forschung wünschen sich die Max-Planck-Gesellschaft und die Deutsche Forschungsgemeinschaft Ausnahmen des grundsätzlichen Verbotes, ähnlich wie dies eben bei der Sterilisierung nichteinwilligungsfähiger Behinderter auch der Fall zu sein schien. Die Deutsche Forschungsgemeinschaft begründet dies: Das "erfordert gewiß eine schwierige ethische und rechtliche Güterabwägung. Diese Frage unter Bezug auf absolut gesetzte Argumente über die uneingeschränkte Unantastbarkeit menschlichen Lebens vom Zeitpunkt der Befruchtung an a limine negativ zu entscheiden, ist eine zu respektierende persönliche Wertentscheidung des einzelnen Arztes oder Wissenschaftlers, der jedoch nicht allein ihrer kategorischen Eindeutigkeit wegen moralischer Vorrang zukommen kann." Degkwitz hierzu: "Wir leben nicht in einem Unrechtsstaat wie dem sogenannten Dritten Reich, in dem bekanntlich an Hilflosen ohne deren Einwilligung experimentiert wurde. Als das bekannt wurde, reagierten alle mit heftiger Empörung über solche Verbrechen... Heute leben wir in einem Rechtsstaat. Es sind offizielle ärztliche Gremien der Praxis und Wissenschaft, die in unserem Namen mit schönfärberischen Ausführungen regeln, daß an menschlichen Lebewesen "verbrauchend" geforscht werden kann. Schande über die, die solches fordern und vertreten. Schande auch über alle, die schweigend solches zulassen und die Augen verschließen. Schande über alle, die unseren ärztlichen Beruf verraten und die ärztliche Ethik unglaubwürdig machen." Frage: ist es nicht aus der Sicht jedes pragmatisch denkenden und um den wissenschaftlichen Fortschritt bemühten liberalen Menschen eine dogmatische und weltfremde Übertreibung, wenn man so gnaden- und ausnahmslos den Wert menschlichen Lebens absolut setzt?

9. Bis auf weiteres: zwei Ethiken

Am liebsten würde ich hier Schluß machen. Ich bin ohnehin erschöpft von der Anstrengung, die Geschichte der letzten 200 Jahre zu schreiben, ohne meine eigene Möglichkeit, Nazi zu sein, meine eigene Möglichkeit des Pannwitz-Blicks "taktisch-opportun" zu verstecken. Gleichzeitig sollte es mir eben dieses Verfahren ermöglichen, auch noch das letzte Opfer der Sozialen und der Medizinischen Frage, der Minderwertigen oder der Randständigen nie nur als Objekt, sondern immer auch mit der Möglichkeit, Subjekt der Geschichte zu sein, darzustellen. In dem Maße, wie mir das gelungen ist, glaube ich, gezeigt zu haben, daß der bisherige Historikerstreit bestenfalls einigen Sinn macht, wenn wir beide Seiten zusammennehmen. Beide Seiten haben sich geschont, indem auf der Seite der Täter die Extreme als unmenschlich wegkriminalisiert wurden, während auf Seite der Opfer die Gruppen der Sozialen Frage als menschliche Nicht-Existenzen gar nicht erst vorkamen und wegverdinglicht wurden. Das gilt auch für J. Habermas, obwohl wir seiner Sensibilität die Öffentlichkeit des Historikerstreites gerade verdanken, wenn er in der "Frankfurter Rundschau" schreibt: "Vor allem unser Problem Nr. 1: wie können wir, wenn die Gewerkschaften in die Defensive gedrängt sind, den Sozialdarwinismus der Zwei-Drittel-Gesellschaft verhindern, wie können wir die Solidarität der drinnen Gebliebenen mit denen draußen, mit den Herausgeboxten und an den Rand geratenen stärken – das alles ist ja mindestens auf dem Tisch und wird diskutiert." Nur daß der Tisch der Diskussion eben immer noch nach beiden Seiten zu kurz geraten ist, vor allem in Richtung der Minderwertigen; denn einerseits sind wir schon auf dem Weg zur Ein-Drittel-Gesellschaft und andererseits bleiben die Gewerkschaften vornehmlich die Interessenvertreter der Arbeitnehmer und weniger der alten und neuen Arbeitslosen, können auch gar nicht anders, werden dafür bezahlt. Geschichtsschreibung ist heute nur noch gerechtfertigt, wenn sowohl die ersten Täter als auch die letzten Opfer einer Gesellschaft gleichwertig als Subjekte berücksichtigt werden. Sartre sagt irgendwo: Es gibt nichts Un-menschliches.

Mir ging es vor allem um den Nachweis, daß vom ersten Tag der

Industrialisierung bis heute die Logik und Ethik der industriellen Vernunft, der Sozialen Frage, des Pannwitz-Blickes, der Minderwertigen und der Gemeinschaftsfremden, des gegenwärtigen technologischen Schubs, der Randgruppen und der der Beihilfe zum Suizid oder der aktiven Sterbehilfe Unterworfenen in Kontinuität zur Normalität unserer bürgerlichen Industriegesellschaft gehören. Es ist schon ein Schritt nach vorn, dies nicht mehr zu verleugnen. Wie aber soll der nächste Schritt aussehen? Es ist mir schon schwer genug gefallen, war aber dennoch vergleichsweise leicht, die Kontinuität der industriellen Logik und Ethik bis heute darzustellen. Das war mir nur möglich, weil beide auch in mir selbst vorkommen. Wie aber sieht der andere Teil in mir aus, die andere Logik und Ethik, die der industriellen entgegensteht und die ich gern als die meine und die eigentliche wahrnehme, beschreiben und wirksam machen möchte? Dafür sind aber meine Fähigkeiten der Beschreibung wesentlich holpriger und ungeübter. Mit anderen Worten: wenn wir nun uns entscheiden, nicht in die Heime zu gehen, um Behinderte zu vergiften: was machen wir statt dessen? Das ist viel schwerer zu beschreiben, ist nicht so systematisch ausgearbeitet, verlangt die richtige Wahl dazwischen, einige Plattheiten zu vermeiden, mich zu anderen Plattheiten zu bekennen. So kann ich im folgenden nur versuchen, einige Überlegungen mitzuteilen, die nicht an einer Ethik der industriellen Brauchbarkeit orientiert sind, sondern an einer Ethik der Solidarität, die – nach industrieller Sprachregelung – vom ersten bis zum letzten Angehörigen einer Gesellschaft reicht. Die abstrakte Umkehrung würde lauten: Die Letzten werden die Ersten sein. Eine solche, für heute erst zu entwickelnde Ethik oder auch Politik hat sich dann sowohl in mir selbst als auch in der Gesellschaft gegen die industrielle Ethik und Politik zu behaupten. Solange wir uns noch nicht sicher sind, sollte unser Ziel erst mal nur ein Unentschieden, ein Gleichgewicht zwischen beiden Seiten sein. Denn wenn die Verabsolutierung der einen Ethik mörderisch geworden ist, so könnte die Verabsolutierung der anderen es auch werden. Um es mit den Sprachbildern der Französischen Revolution auszudrücken: Es sollte zunächst nur unser Ziel sein, gegenüber der bisher übermächtigen Freiheit der Menschen die Gleichheit der Menschen gleichstark werden zu lassen. Es sollte bis auf weiteres normal und für unser aller Überleben hinreichend sein, mit zwei Ethiken zu leben. Wenn ich recht sehe, gibt es einigen Anlaß zur Hoffnung, dies Ziel zu erreichen.

Als ersten Schritt auf diesem Wege berichte ich von einem Ereignis, das allein schon Grund zu einigem historischen Optimismus gibt. Sie erinnern sich an die verpaßte Chance, während der Beratungen zum Bundesentschädigungsgesetz in den 60er Jahren alle NS-verfolgte-Gruppen gleichwertig als NS-Opfer anzuerkennen. 20 Jahre später hat eine nur 3 jährige Kampagne, [44] mit Unterstützung etwa auch des Bundespräsidenten von Weizsäcker, es durchgesetzt, daß am 24. Juni 1987 vor dem Innenausschuß des Deutschen Bundestages zur selben Frage noch mal eine Anhörung stattfand. Während in den 60er Jahren natürlich die wissenschaftlichen und kirchlichen Experten für die verfolgten Gruppen der Minderwertigen als Objekte und Dinge gesprochen hatten, war es 1987 genauso natürlich, daß Vertreter der bisher ausgeschlossenen Opfer, also der Gruppen der Minderwertigen als Subjekte für sich selbst sprachen. Sprecher der Zwangssterilisierten, der Sinti und Roma, der Euthanasiegeschädigten, der Homosexuellen, der Asozialen und Zwangsarbeiter ließen fast alle klassischen Gruppen in der Sozialen Frage wohl erstmals in der Geschichte als Subjekte ihre eigene Sprache sprechen. Sie konnten damit die auch geladenen Experten leicht in den Hintergrund drängen. Es solidarisierten sich aber auch mit ihnen die Sprecher der bürgerlich-etablierten politsch, rassisch und religiös Verfolgten. Wenn auch die daraufhin vom Parlament verabschiedeten finanziell wirksamen Entschädigungsregelungen unbefriedigend blieben, bleibt es als historisches Ereignis festzuhalten, daß es zumindest auf der Ebene der Verfolgungsanerkennung nicht mehr Menschen und Dinge, sondern nur noch Menschen gibt, ein kleines Stück verwirklichter Solidargemeinschaft ohne Ausschluß, ein Ereignis, das nicht mal ganz einzigartig war, da es kurz zuvor vor Ausschüssen der beiden Länderparlamente in Berlin und Hamburg ähnlich eindrucksvolle Anhörungen durch die Sprecher der Minderwertigen-Opfer als Subjekte statt durch Experten gab. Es muß einiges, das nur schwer zu beschreiben ist, in unserem Kulturhaushalt passiert sein, damit innerhalb von 20 Jahren ein so dramatischer Szenenwechsel möglich werden konnte. Habermas: “Der Marsch durch die Institutionen hat auch die CDU erreicht.“ [43]

Ungleich schwerer, am schwersten überhaupt und zugleich auch am wichtigsten sind vergleichbare Veränderungen natürlich in der Zitadelle der industriellen Ethik, im Bereich des Grundrechtes auf Arbeit, der Teilhabe am Arbeitsmarkt. Nehmen wir hierzu aus dem Jahre 1988 zunächst die Forderung von Oskar Lafontaine nach Arbeitszeitverkürzung ohne vollen Lohnausgleich. Dies ist eine Formel, die geradezu zwangsläufig jeden Arbeitslosen in Arbeit bringen kann, wenn man politisch nur bereit ist, sie lange und einschneidend genug anzuwenden, möglicherweise auch um den Preis von Einbußen an Produktivität für alle. Entsprechend müssen die Gewerkschaften auch dagegen sein, auch wenn jeder, mit dem ich darüber unter vier Augen gesprochen habe, mir sagt, daß er insgeheim dies auch immer schon gedacht hätte. Noch wichtiger als die Formel scheint mir aber die ihr zugrunde liegende ethische Haltung zu sein, das Prinzip einer umfassenden Solidarität, die das Ausgehen von und das Beginnen mit dem schwächsten Glied in der Kette fordert. Als sozialer Täter-Bürger muß ich natürlich die Formel von Lafontaine noch weitergehend beanspruchen, bis nämlich auch die alten Arbeitslosen, die angeblich Erwerbsunfähigen, die Behinderten ihr Recht auf Arbeit und ihre Teilhabe am Arbeitsmarkt verwirklichen können. Denn das schwöre ich und lege dafür meine Hand ins Feuer: auch noch der behindertste Behinderte – von wenigen begnadeten Ausnahmen abgesehen – empfindet das nur-noch-sozial-Sein als unmenschlich und verdinglichend und möchte statt dessen, wie jeder nicht behinderte Mensch, sich durch Arbeit, durch das Bearbeiten von Sachen verwirklichen. Auch die Grundrente ohne Recht auf Arbeit ist hierfür nur ein unzureichender Ersatz. Auch kann als Ersatz nicht Eigenarbeit dienen. Vielmehr muß es schon die Teilhabe an der entlohnten, fremdbestimmten Arbeit sein, solange durch sie mehr als durch alles andere die Zugehörigkeit sowohl zur Natur als auch zur historischen Gemeinschaft aller Menschen, zur Gesellschaft erfolgt und geradezu garantiert wird, gleichgültig wie gering oder umfangreich dabei die Leistung ist.

Ein etwas traurig stimmender Beweis dafür: Leute aus sozialistischen Ländern wie Polen, DDR, Ungarn und der Sowjet-Union berichten mir übereinstimmend, daß mit der Tendenz auf Angleichung der

Systeme, also mit mehr Markt, Konkurrenz und Produktivitätsdruck, die Betriebs-Manager zunehmend mit allen möglichen Tricks versuchen, die in der Vergangenheit vorbildlich gewährleistete Beschäftigung auch der schwächsten Behinderten zu vermeiden. Die Durchsetzung meiner Forderung würde daher vermutlich mit einer weiteren Einbuße an Produktivität, die sich für alle auswirkt, einhergehen. Auf der anderen Seite würde die betriebliche Beschäftigung auch aller Behinderten wieder der Idee des Oikos nach der ökologischen Analyse näher kommen, wenn auch unter heutigen Bedingungen: also die ununterscheidbare Verflechtung von Arbeitsbeziehungen und sozialen Beziehungen einer kleineren, mittleren oder größeren Zahl von Menschen. Dies würde die Aufhebung der Existenz einer vom Wirtschaftssystem isolierten Sozialen Frage und zugleich die Verwirklichung einer umfassenden Solidargemeinschaft bedeuten. Übrigens ist meine Vorstellung ganz so utopisch und idiotisch nicht; denn in dem Maße, wie Behinderte und andere Angehörige von Randgruppen ganz oder auch nur stundenweise in betrieblicher Produktion tätig werden und dadurch natürlich vom gefährdeten Rand mehr ins Zentrum des Tellers der Gesellschaft rücken, würden natürlich auch immer mehr Angehörige des Heeres der sozialen Betreuer mit ihren Betreuten in die Produktion gehen und gemeinsam mit ihnen produktiv werden. Statt Menschen als oder wie Sachen zu bearbeiten, was ohnehin immer schon ein Mißbrauch des Arbeitsbegriffs gewesen ist (“ich arbeite gern mit Menschen!“), würden sie gemeinsam mit einem Leistungsschwächeren, als Mensch aber gleichwertigen Menschen Sachen bearbeiten. Um noch bescheidener und den noch gegebenen Realitäten gerechter zu werden: jeder nur-noch-sozial und daher unmenschlich lebende Mensch, wie behindert er auch sein mag, der noch so anteilig durch Arbeit sich einem Betrieb zugehörig fühlen kann, muß danach weniger sozial leben, d.h. braucht weniger soziale Betreuung und ist oder wird weniger krank. Er trägt dabei auf die gesündeste und menschlichste Weise durch seine Person zur Kostendämpfung im Gesundheits- und Sozialwesen bei, löst ein Stück weit die Soziale und die Medizinische Frage auf. Dies haben wir in Gütersloh auch rechnerisch bewiesen, nachdem von den von uns entlassenen psychiatrischen Langzeitpatienten 150 im Gütersloher Raum nicht nur eine eigene Wohnung gefunden haben, sondern in einer unserer

drei Selbsthilfe- und Zuverdienstfirmen auch einen eigenen Arbeitsplatz.
Überhaupt ist die Bewegung der Gründung von Selbsthilfefirmen in den letzten sechs Jahren, von denen es inzwischen Dutzende gibt, eine der zukunftsträchtigsten Tendenzen in Richtung auf Auflösung der Sozialen Frage zugunsten von mehr Solidargemeinschaft, worin eben auch schon in größerem Umfang enthalten ist, daß an die Stelle der nackten sozialen Betreuung von Menschen das gemeinsame Bearbeiten von Sachen getreten ist. Um abschließend zu diesem Komplex noch einmal auf die symbolische Ebene zu gehen: wie wir es anläßlich der Gütersloher Fortbildungswoche 1985 einmal im Rollenspiel dargestellt haben: eine solidarische, d.h. alle Menschen der Gesellschaft umfassende Tarifverhandlung müßte zu dritt erfolgen, nämlich zwischen Vertretern der Arbeitgeber, der Arbeitnehmer und aller, aber auch wirklich aller, Arbeitslosen.[45]

Nun zum schwierigen Problem der Sterbehilfe, das heute insbesondere Menschen, die sich gerade gut, sozial, gesund und glücklich fühlen, so auf den Nägeln brennt, weil ein bestimmtes Maß an Leiden oder Schmerzen in ihrer Vorstellung, in ihrem Wunsch oder Willen ein menschliches Leben unerträglich und daher lebensunwert macht. Sie fordern das Recht auf den Tod, am liebsten nicht durch Suizid, sondern durch einen Arzt vermittelt, als letzte Stufe des Rechts auf Selbstbestimmung. Daß an dieser Ethik zumindest nicht alles stimmen kann, ergibt sich schon daraus, daß die Unerträglichkeit von Schmerzen – vor allem bei anderen – noch nie ein so großes Gewicht erhalten hat wie heute, während zeitgleich die objektiv gegebenen Möglichkeiten, durch medizinische Mittel Schmerzen zu lindern, noch nie so gut gewesen sind wie heute. Ähnlich: daß die Schläuche der Intensivstationen so unmenschlich seien, wird insbesondere heute hervorgehoben, während die Betreiber von Intensivstationen ihre Anfangsbegeisterung, als sie dies neue Mittel in der Tat oft überstrapaziert haben, in der Regel überwunden und normalisiert haben, viel behutsamer und mehr im Einvernehmen mit Patient und Angehörigen damit umgehen. Einige Ärzte sagen wohl zu Recht: "Wer sich von seinem Arzt den Tod wünscht, der ist zuvor von eben diesem Arzt zu sehr alleingelassen worden." Das nimmt Bezug darauf, daß der

Wunsch nach lebensverkürzender Sterbehilfe meist nur dann auftritt, wenn Menschen und insbesondere auch der Arzt in der Zeit davor die mitmenschliche Begleitung vernachlässigt haben, vor allem das Sterben nicht als einen Teil des Lebens begriffen haben, so daß dann zum Schluß nur noch die technische Nothilfe gegeben zu sein scheint – im Mißbrauch der Technik. So hatte ich es auch in einem Aufsatz symbolisch gemeint, daß Herr Hackethal als Arzt die Aufgabe gehabt hätte, mit seiner Patientin, die ihr krebszerfressenes Gesicht der Öffentlichkeit nicht zumuten und daher sterben wollte, u.a. täglich durch die Kuranlagen des Badeortes spazieren zu gehen, um sich zu ihr öffentlich zu bekennen.[46] Als Mensch weiß ich, daß ich Zeiten haben kann, wo ich aus Verzweiflung mich umbringen will. Als psychiatrisch Tätiger weiß ich, daß solche Zeiten gelegentlich auch lange dauern können. Als Mensch und psychiatrisch Tätiger weiß ich, daß eine Verzweiflung, die mir mein Leben unerträglich macht, nie endlos dauern kann. Auch noch ein Wort zum Patienten-Testament zwecks Therapiebegrenzung: aus vielen Gesprächen weiß ich inzwischen, daß die Angst vor der Intensivstation oft vorgeschoben ist. Vielmehr besteht das Motiv für ein solches Testament oft genug darin, um jeden Preis die eigene Unabhängigkeit und Selbstbestimmung nicht zu verlieren, nur ja nicht von fremden Menschen und schon überhaupt nicht von der eigenen Familie abhängig zu werden. Oft genug – und das ist erschreckend genug – ist es auch die Angst, auf keinen Fall hohe oder überflüssige Kosten zu verursachen. Hier ist schon die allgemeine gesellschaftliche Erwartung, daß minderwertige Menschen, also Menschen mit einem geringeren Nutzwert, anspruchslos sein sollten, verinnerlicht. Einrichtungen wie die "Deutsche Gesellschaft für humanes Sterben" fördern solche kostendämpfenden Minderwertigkeitskomplexe und profitieren davon, ob sie es wahrhaben wollen oder nicht. Ein schwacher Trost ist es mir, daß gerade die liberalen Niederlande in ihrer Begeisterung für das Recht auf Selbstbestimmung noch wesentlich bedenkenloser und brutaler damit umgehen, Menschen in verzweifelten Lagen den Tod zu geben. Vielleicht könnte das noch dafür sprechen, daß wir in der BRD beginnen, aus dem Nationalsozialismus zu lernen. Das all diesen Fragen zugrunde liegende Problem dürftc aber darin bestehen, daß wir mit der Industrialisierung angefangen haben, den Wert des Menschen entscheidend nach seiner Brauchbarkeit, nach seinem Nutzen zu gewichten. So ist das früher funktionierende abendländische Gleichgewicht zwischen der Freiheit und der Gleichheit der Menschen, zwischen dem Recht auf Selbstbestimmung und dem Schutz des Lebens brüchig geworden. Da auch die Kirchen sich in den letzten 100 Jahren vorsichtig von ihrer Aufgabe des absoluten Lebensschutzes zurückgezogen haben, kommen gerade die schwächeren und gefährdeteren Menschen dabei am ehesten unter die Räder. Unsere Aufgabe besteht also darin, dem schwächeren Grundwert dieses Werte-Paares, dem Lebensschutz, beizustehen und ihm zu seiner absoluten Gültigkeit zu verhelfen, selbst wenn dies in dieser unserer Übergangszeit der stärkeren Gegenseite dogmatisch klingen sollte.

Neben der christlichen Begründung, daß alle Menschen als Kinder Gottes gleichen Wert haben, hilft mir der Satz, der die beiden erwähnten Grundwerte verschränkt: "Das Leben gehört mir, aber ich gehöre auch dem Leben."[47] Um es noch provozierender auszudrücken: das Ideal der leidensfreien Gesellschaft und leidensfreien Menschen, wie u.a. Forel es verfolgt hat, hat durch ihn und andere Ärzte im Sinne eines therapeutischen Idealismus den Prozeß, Menschen in Sachen zu verwandeln, erheblich gefördert, indem Menschen, die trotz irgendwelcher Therapien Leidende waren, zu Unheilbaren erklärt wurden, deren Leiden unerträglich sei, das deshalb beendet werden müßte. Das viel berufene Mitleid war und ist in den meisten Fällen mehr Selbst-Mitleid, das das Hinnehmen eines gegebenen Leidens oder einer Behinderung oder eines Schmerzes als Kränkung empfindet, weil dem eigenen gesunden Selbstbild widersprechend und den eigenen therapeutischen Bemühungen widerstehend. Jeder Arzt kann es wissen, wenn er will: Es gibt zwar schwer erträgliches Leiden, aber kein unerträgliches Leiden.[48] Ohne Leiden als Selbstzweck masochistisch glorifizieren zu wollen, gehört es zur Wahrheit des Menschen, daß er durch Leiden und leidend geboren wird und daß er nur durch das Leiden zu seinen entscheidenden Entwicklungs- und Reifungsschritten kommt. Das kann jeder wissen, der seine eigene Biographie bedenkt. Statt daß wir in Selbstidealisierung uns zu besseren, sozialeren, gesünderen und glücklicheren Menschen erklären und das Gegenteil davon, das Leiden und die Unerträglichkeit des

Lebens an die Gruppen der Sozialen Frage, an die Minderwertigen, an die Gemeinschaftsfremden, an die Randgruppen delegieren, die wir deshalb für weniger wertvoll oder für lebensunwert halten, haben wir die Aufgabe, in Korrektur der letzten 200 Jahre einen Teil des Leidens wieder in unser Selbstbild und zwar als Grund desselben aufzunehmen, während wir umgekehrt einen Teil unserer zwanghaft behaupteten Selbstbestimmung an die Gruppen am Rande des Gesellschafts-Tellers im Austausch abzugeben haben. Auch so könnten wir uns der Wiederherstellung der Gleichheit der Menschen und damit der Solidargemeinschaft nähern. Schließlich scheint mir das in der Medizin immer schon wichtige ökologische Denken einen Grundwert zu beinhalten, der ebenfalls dem Grundwert der Selbstbestimmung gleichgewichtig gegenüberzustellen ist. Immerhin entspricht der ökologische Ansatz des Denkens und Handelns einer Haltung, die dem marktwirtschaftlich-liberalen Individualismus die Zugehörigkeit des Menschen zu seinem Oikos, zu seinem Haus, zu seinem menschlichen und materiellen Haushalt zur Seite stellt, die der Naturbeherrschung den Naturschutz beigesellt, die der Verwertung des Lebens den Wert des Lebens gegenüberstellt und die dem Satz "Ich bin der Herr meines Lebens" ein Korrektiv gegenüberstellt, das wir in der nächsten Zeit erst noch genauer kennenzulernen haben.[49] Ein praktischer und unerhört wichtiger Schritt in diese Richtung ist die Hospiz-Bewegung, die wir in allen Industriegesellschaften im Aufbau finden und die in der Bundesrepublik z.B. von der "Deutschen Hospizhilfe"[50] gefördert wird. Hospize dürften in der nächsten Zeit entscheidend dafür werden, daß Menschen auch das angeblich Unerträgliche tragen lernen und das Sterben als einen wesentlichen Teil ihres Lebens empfinden können, weil sie in diesen existentiellen Zeitspannen ihres Lebens nicht mehr allein gelassen, sondern begleitet werden – sei es in ihren eigenen vier Wänden oder an einem Ort, der dafür da ist. Auf diese Weise und auf anderen Wegen könnte die Welt der Menschen gerade von ihren lange als unrentabel abgeschriebenen Rändern her für alle wieder wohnlich, eine Behausung werden.[51]

Ähnlich stellt sich bei der Sterilisierung einwilligungsunfähiger Behinderter die Frage nach dem Wert des Lebensschutzes. Immerhin haben die Väter des Grundgesetzes die körperliche Unversehrtheit in ihren Grundwerte-Katalog aufgenommen, u.a. um Sterilisierungsaktivitäten zu verhindern, wie sie die Nazis mit dem Erbgesundheitsgesetz bezweckt hatten. Es wäre schon verwirrend, wenn just zum Zeitpunkt, an dem der Bundestag das Erbgesundheitsgesetz zu einem NS-Unrechtsgesetz erklärt (6.5.1988), Sterilisierungen ohne den Willen gesetzlich erlaubt würden, ohne daß der Grundwert der körperlichen Unversehrtheit Berücksichtigung fände. Die Grenze zwischen Sterilisierung ohne Willen und Sterilisierung gegen den Willen mag theoretisch klar sein, in der Praxis von zumeist institutionsabhängigen Menschen mit Behinderung wird sie fließend, weil oft sehr viele, subjektiv gut verständliche Gründe für eine Sterilisierung sprechen werden. Auch die Analogie zum Notlagenkatalog bei der Schwangerschaftsunterbrechung nach § 218 StGB ist fragwürdig. Einmal dürften die Sachverhalte nicht hinreichend vergleichbar sein. Zum anderen dürfte gerade wegen der wachsenden Sensibilität gegenüber dem Schutz des Lebens zumindest die soziale und die eugenische Indikation der Schwangerschaftsunterbrechung in der seinerzeit beschlossenen Form heute nicht mehr durchsetzbar sein. Dies gilt vor allem dann, wenn man berücksichtigt, daß die soziale Notlagenindikation sich entgegen der Absicht der damaligen Gesetzgeber inflationär ausgeweitet hat. Man muß daher die Sorge haben, daß eine gesetzliche Regelung der Sterilisierung nichteinwilligungsfähiger Behinderter, von den jetzigen Verantwortlichen für ganz seltene Ausnahmefälle vorgesehen, deren Existenz von manchen Leuten überhaupt bestritten wird, sich ebenfalls unter dem Druck der Praxis und einer veränderten Erwartungshaltung der Bevölkerung inflationär ausweiten wird. Grundlegender ist aber die Überlegung, daß mit dem vorliegenden Gesetzentwurf nur wieder einmal das Problem von hinten, nämlich von der technisch-therapeutischen Endstrecke her aufgezäumt wird. Statt dessen wäre es notwendig, zunächst einmal die vorausgehenden Möglichkeiten auszuschöpfen. Erst dann würde man, etwa nach 10 Jahren, wissen, ob noch ein Gesetzesbedarf besteht. Hierzu gehört einmal die öffentliche Diskussion über Selbstbestimmung und Lebensschutz, zum anderen die systematische Durchführung der bisher erst in Ansätzen erfolgenden sexualpädagogischen Begleitung der Entwicklung der Behinderten. Noch weniger ist aber bisher in unser aller Bewußtsein gekommen, daß geistig

Behinderte nach dem Grundgesetz dieselben Rechte haben wie Nicht-Behinderte, also auch vom Grundsatz her das Recht, Kinder zu bekommen. Erst wenn wir diesen Gedanken denken können und ihn, wo immer möglich, mit den erforderlichen begleitenden Hilfen verwirklicht haben, haben wir das moralische Recht, uns Gedanken darüber zu machen, ob wir mit möglicher Verletzung des Grundwertes der körperlichen Unversehrtheit[52] die Sterilisierung gesetzlich regeln dürften. Zu einer solchen Haltung könnte es freilich auch gehören, daß wir wegen der grundsätzlichen Bedeutung des Lebensschutzes, der bisher ohnehin eher weniger beachtet war, einigen wenigen Behinderten möglicherweise einen gewissen Teil ihrer auch sexuellen Freizügigkeit und Emanzipation vorenthalten. Dies muß politisch gewollt werden. Bisher klingt es in unseren Ohren nur zu vertraut, daß wir für Freiheit auch einen Preis zu zahlen haben. Wir müssen uns wohl auch die umgekehrte Möglichkeit erst vertraut machen, daß auch der Schutz des Lebens oder die “Ehrfurcht vor dem Leben“, wie Albert Schweitzer gesagt hätte, ihren Preis haben kann, wenn unser Ziel die wirkliche und umfassende Solidargemeinschaft sein soll.[53] Ganz ähnlich steht es mit den Fragen der Gentechnologie: vielleicht noch schärfer und fundamentaler steht bei der “verbrauchenden Forschung“ auf der einen Seite die Freiheit der Wissenschaft, die ihren Preis kostet, während auf der anderen Seite der Schutz des Lebens ein Stück der Wissenschaftsfreiheit kostet – wiederum wenn wir, da Lebensschutz unteilbar ist, diejenigen Teile des Grundgesetzes, die der Verwirklichung der umfassenden Solidargemeinschaft dienen, wirklich und mit Vorrang, weil nachholbedürftig, wollen.[54]

Am Ende des Buches komme ich zur Philosophie. Ohne eine solche fallen all die zahlreichen Hinweise auf eine Ethik der umfassenden Solidarität hilflos auseinander, können gegen die wohletablierte und die gesellschaftliche Praxis systematisch organisierende Ethik, die am Wert der industriellen Brauchbarkeit orientiert ist, nicht bestehen. Sicher kann uns “das Prinzip Verantwortung“ von Hans Jonas helfen, mit seiner Forderung nach einer Fern-Ethik, wonach wir heute die Weichen dafür stellen, wie unsere Nachkommen in 50 oder 100 Jahren leben werden. Auch sein “ontologischer Imperativ“, der schlicht fordert, “daß eine Menschheit sei“, ist hilfreich für die

Ausrichtung unserer Verantwortung auf die Zukunft.[55] Jonas stellt sich aber nicht die Soziale Frage für Vergangenheit, Gegenwart oder Zukunft. Und deshalb weiß ich nicht, ob sein Menschenbild so umfassend und seine Philosophie so schützend sind, daß damit die gleichwertige Existenz der Gruppen der Sozialen Frage garantiert ist, wie ich es eingangs von den Philosophen des Deutschen Idealismus behauptet hatte, die zumindest eine Psychiatrie als notwendig zu ihrem System gezählt hatten, während danach die psychisch Kranken und andere Gruppen der Sozialen Frage zunehmend in die Zuständigkeit der sich spezialisierenden Einzelwissenschaften gerieten und entsprechend schutzlos wurden.

Soweit ich sehen kann, hat es seither erst einen Philosophen gegeben, der die Gruppen der Sozialen Frage, die Gemeinschaftsfremden und Randständigen systematisch bedacht hat: Jean Paul Sartre. Wenn man sein ganzes Werk überblickt, gibt es kaum ein randständiges Schicksal, das er nicht philosophisch oder dramatisch behandelt hat. Nirgends gelingt ihm dies aber so umfassend wie in seinem "Saint Genet "[56], das Werk, das in der Nachkriegszeit entstanden ist und in dem er vielleicht auch am intensivsten den Nationalsozialismus mitreflektiert hat. In seiner Frage nach dem Menschen steckt immer auch der Anspruch, daß in mir wie in jedem Menschen der Möglichkeit nach die ganze Menschheit enthalten sei. Auf Genet als einen Fürsorgezögling, Dieb, Homosexuellen, Strichjungen, Rauschgiftschmuggler, Verräter, Bettler und Vagabunden bezogen, formuliert er: "Denn man muß schon wählen: wenn jeder Mensch der ganze Mensch ist, muß dieser Abweichler entweder nur ein Kieselstein oder ich sein."[57] Hier sind beide Ethiken, die wir entwickelt haben, in einem Satz zusammengefaßt. Der Mensch und vor allem der randständige Mensch ist entweder ich, Mensch oder Ding, Kieselstein. Sartre ist somit vielleicht der erste Philosoph, der die Beantwortung der Frage, was der Mensch sei, von den elendesten, ausweglosesten, gescheitertesten, minderwertigsten, randständigsten und kommunikationslosesten Menschen, Menschengruppen oder Situationen von Menschen her beginnt. Nur dadurch, daß er hiermit beginnt, kann seine Antwort auf die Frage nach dem Menschen einigermaßen vollständig ausfallen. Würde er nämlich mit der Situation des idealen oder auch des durchschnittlichen Menschen bei seiner Beantwortungsarbeit beginnen, käme er entweder zu den genannten randständigen Menschen gar nicht mehr durch, oder er würde sie nur noch abgeleitet und abgewertet als Dinge oder nicht mehr vollwertig menschlich auffassen können. Dieser Gedanke, der die Randständigen von der letzten an die erste Stelle rückt und der von seiner Randständikeit den Menschen und die menschliche Welt aufbaut, also es notwendig macht auf keinen Menschen verzichten zu können, so daß es nichts, aber auch gar nichts Unmenschliches mehr geben kann, hat die Art von Zwangsläufigkeit, die wir bisher immer nur der Brauchbarkeitslogik und -ethik bescheinigen konnten. Sartres Ethik hat aber den Vorteil, daß sie einerseits den verdinglichenden Pannwitz-Blick nicht leugnet, da ein Mensch für mich immer auch Kieselstein sein kann; andererseits enschärft sie diesen Blick im Rahmen und im Schutz der immer auch offenen Möglichkeit der Herstellung einer wirklich umfassenden Solidargemeinschaft, die die Gruppen der Sozialen Frage, die Minderwertigen, die Randständigen buchstäblich in die Mitte nimmt. [58] Mehr ist uns zur Zeit wohl nicht möglich.

10. Notwendige Ergänzungen von Fredi Saal

Vorbemerkung:
Fredi Saal – sollte jemand ihn noch nicht kennen – hat eine der unglaublichsten Kindheiten der Nachkriegszeit hinter sich: Er war 11 Jahre seiner Kindheit und Jugend in einer Anstalt für geistig Behinderte, da man ihn wegen einer Körper- und Sprachbehinderung für geistig behindert hielt, bis er sich allmählich, seiner Sozialisation zum Trotz, als einer der philosophischsten Denker der deutschsprachigen Gegenwart herausstellte. Er hat seine Kindheit vor kurzem in den "Sozialpsychiatrischen Informationen" (17. Jg. 4/87) geschildert, daß es einem den Atem verschlägt.

Mir wurde er bekannt, als er gegen die Schriften von Christa Mewes anging, die für Mitleid mit den Behinderten warb, was mich damals durchaus beeindruckte. Fredi Saal aber verbat sich jedes Mitleid mit ihm, dem Behinderten, u.a. mit dem Argument, daß man Mitleid nur mit Wesen, die man für unter sich stehend hält, haben kann. Er sprach jedem Nicht-Behinderten das Recht ab,ihm als Behinderten eine Unerträglichkeit des Lebens zuzusprechen. Damals war er noch einsamer Einzelkämpfer. Es war noch nicht die Zeit, daß Behinderte sich zusammenschließen und für sich sprechen konnten.

Seither habe ich immer mal wieder mit Herrn Saal korrespondiert, mir auch Rat in ethischen Fragen geholt. Deshalb hatte ich ihm auch am 18.3.88 diejenigen beiden Texte von mir zur Begutachtung geschickt, die wesentliche Vorarbeiten zum vorliegenden Buch sind: "Euthanasie gestern – Sterbehilfe heute?"[46] und "Was unterscheidet die heutigen Überlegungen zur Sterilisation von Menschen mit geistiger Behinderung von der Zwangssterilisation der NS-Zeit?"[53]

Glücklicherweise erhielt ich kurz nach Fertigstellung meines Manuskripts am 13.4.88 die Antwort von Herrn Saal – seinen jetzt folgenden Brief, den er mir hier abzudrucken erlaubte. Gerade seine Art der wahrlich schmerzhaften Auseinandersetzung mit den schwierigen Fragen, die uns aufgegeben sind, mir mal zustimmend, mal widersprechend, die Fragen immer wieder offen balancierend, macht seinen Brief zum besten, schon weil authentischsten Abschluß und Ausblick dieses Buches, den ich mir denken kann. Nehmen wir unsere beiden Texte als Beweis dafür, daß zwischen Nicht-Behinderten und Behinderten ein Dialog auf derselben Ebene möglich ist, der Mitleid, tödliches Mitleid unmöglich macht und die Soziale Frage – in diesem Sinne – beantwortet.

K. Dörner

Fredi Saal

Strippchens Hof 25
4330 Mühlheim/Ruhr
Tel. 0208 – 421512

13. April 1988

Herrn
Prof. Dr. Dr. Klaus D ö r n e r
WESTFÄLISCHE KLINIK FÜR PSYCHIATRIE
PSYCHOSOMATIK UND NEUROLOGIE
Hermann-Simon-Straße 7

4830 GÜTERSLOH 1

Lieber Herr Prof. Dörner,

nun wird es endlich Zeit, damit zu beginnen, meinen Dankesberg Ihnen gegenüber abzutragen. Da sind erst einmal die beiden von Ihnen vermittelten Arbeiten von mir für WEGE ZUM MENSCHEN und die SOZIALPSYCHIATRISCHEN INFORMATIONEN. Die letztgenannte Veröffentlichung hat mich ganz besonders befriedigt, weil mich Eben-Ezer nicht einmal zur Jubiläumsveranstaltung zum 125. Bestehen einlud, geschweige denn zu den Ehemaligentreffen. Dabei bin ich gleichzeitig ein wenig entsetzt über dieses Genugtuungsempfinden, weil ich wirklich mit gutem Willen auf die Anstalt zuging und ich mich nun durch ihr Verhalten in eine Antihaltung gedrängt fühle, die niemals im meiner Absicht lag. Wie oft werden so positive Intentionen beinah in ihr Gegenteil verkehrt. Das macht zuweilen doch ziemlich mutlos ...

Zu danken habe ich aber ganz besonders auch für Ihren Brief vom 18.3.88 mit den Anlagen Ihrer Arbeiten über Sterbehilfe und Sterilisation. Er erreichte mich im Krankenhaus, das mich durch eine plötzlich akut aufgetretene Bauchspeicheldrüsenentzündung zu einem längeren Aufenthalt zwang (im Siebenbettzimmer mit der Erinnerung an elf Jahre Anstalt wahrlich alles andere als ein Vergnügen, trotz des im Großen und Ganzen sehr menschlichen Umgangstones von Seiten des Pflegepersonals!). Danach machte ich einen kurzen Urlaub an der Bergstraße. Die wirkliche Erholung läßt aber noch auf sich warten. Das ist einer der Gründe für meine hinausgeschobene Antwort. Aber nicht nur allein.

Möglicherweise wird es Sie überraschen, von mir zu lesen, daß ich nicht geringe Schwierigkeiten habe, mit den von Ihnen aufgeworfenen Problemen umzugehen. Darum verzichtete ich für' s Erste auf die Lektüre Ihrer Arbeiten. Einmal, weil ich unbeeinflußt noch einmal für mich die im Brief erwähnten Fragen durchdenken wollte; zum anderen weil ich, wenn es mir gesundheitlich besser ginge und ich mich wacher fühlte, beim Lesen spontan meine Einfälle in kurzen Notizen festzuhalten beabsichtigte.

Jetzt habe ich also aus der Beschäftigung mit Ihnen in den letzten vier Wochen eine ganze Hand voll krickelig beschriebener Blätter gesammelt, die mir zusammen mit den von mir angestrichenen Stellen in Ihren Referaten helfen sollen, ein Gespräch mit Ihnen zu führen, das hoffentlich vor allem mir mehr Klarheit bringen wird. Ich bin selber sehr gespannt darauf, was am Ende dabei herauskommt. Im Großen und Ganzen bin ich sowieso Ihrer Meinung. Und dort, wo sie von der meinen abweicht, nehme ich sie als die Äußerung eines Nichtbehinderten mit besonderem Respekt zur Kenntnis, weil sie eine mutigere Position vertritt, als ich sie von meinem individuellen Lebensgefühl her vertreten kann. Aus diesem Grunde wage ich es weniger als sonst von "dem" Behinderten zu schreiben. Vielmehr werde ich versuchen, Sie einen Blick auf die Innenwelt des Behinderten Fredi Saal werfen zu lassen. Wie ich vermute, wird dabei manches früher Geäußerte möglicherweise relativiert werden, bei dem u. U. noch ein wenig mehr an Selbstbewußtsein in die Brüche geht. Wer nachdenkt, kommt wohl nicht darum herum, und zahlt im besten Falle mit immer neuen Krankenhauseinweisungen wegen psychosomatischer Beschwerden. Darin hat eine gute Bekannte von uns wohl recht, und auch mit ihrer Warnung, nicht nur aus der Substanz zu leben. Nur möchte und kann ich es gar nicht anders ...

Nun gut, lassen Sie mich zur Sache kommen. Noch ehe ich Ihre Arbeiten gelesen hatte, notierte ich mir eine "Generalklausel", die wiederum über das hinausgeht, was Sie sich für zehn oder zwanzig Jahre an Selbstbeschränkung auferlegen wollen. Sie lautet: Weil jeder Mißbrauch so gut wie sicher ist, muß jede Sterbehilfe und jede Sterilisation vom Gesetzgeber her grundsätzlich verboten sein und bleiben. Wir werden noch sehen, wie sehr ich selbst mit dieser "Generalklausel" in Konflikt geraten muß. Erst einmal ist mir wichtig festzustellen, der Staat hat keine Befugnis, etwas zuzulassen, das Dämme einreißend das autonome Recht des einzelnen individuellen Menschen unter sich begräbt. Nur hat das beängstigende Konsequenzen. Auf die Spitze getrieben, wäre nämlich dann weiterzufolgern: Muß nach dieser Argumentation nicht auch jedes Gefängnis, jede Psychiatrie, jede Anstalt, jeglicher Autoverkehr, alle Zeugung, ja letztendlich Gottes ganze Schöpfung überhaupt verboten werden? So unterschreibe ich meine "Generalklausel" mit knurrender Wut darüber, daß der Mensch die in ihm angelegte Freiheit so wenig verantwortungsvoll zu nutzen weiß. Vielleicht merken Sie noch, wie sehr ich zwischen dem Ideal des selbstbestimmten Menschen und dem skeptischen Pessimismus hinsichtlich seiner Möglichkeiten dazu zerrissen werde – und das bis ins körperliche hinein. Allein bei den mehrdeutigen Begriffen "verantwortungsvoll" und "selbstbestimmt" zögere ich schon wieder: Die Befürworter des zum Verbot Anstehenden werden sich doch in der Regel mit aufrichtiger Überzeugung gerade auf dieses Verantwortungsgefühl berufen. Zumindest läßt sich erst einmal schwer unterscheiden, was wirkliche Betroffenheit durch das vermeintliche "schwere Schicksal" des anderen und reines Nützlichkeitsdenken ist. Aber ganz deutlich wird hier schon die gefährliche Sprengkraft dessen, was man "Mitleid" nennt. Sie wird rasch zum Schlüssel der "(sich)befreienden Tat", mit der man nach "Erlösung" des beunruhigenden anderen ruft – sei es aus Gründen tatsächlich geglaubten "Mit"-"Leidens" oder nur als bequemer Vorwand zur Beseitigung unnützen Ballastes. Einerseits setzt man sich mit einem eigentlich unvollziehbaren Mitleid unnötigerweise selbst unter Druck, zum anderen erhält man die idealen Argumente für pragmatische Kosten-Nutzen Rechnungen. Am schlimmsten ist es, wenn jenes Sich-selbst-unter-Druck-setzen für volkswirtschaftliche Überlegungen mit voller Absicht und zielsicher für rational errechnete Zwecke vermarktet wird. Mit klarem Auge wird hier mit der Unsicherheit des "Mitleidenden" gegenüber Behinderten ein bevölkerungstechnisch kühl kalkuliertes Geschäft getrieben – und dies vielleicht noch unter dem Prestige fördernden Mäntelchen der Humanität. (Was nicht ausschließt, daß sich solch ein Menschlichkeitstechniker sein von "hoher Humanität getragenes Mitleid" und die daraus entsprungenen Handlungen auch noch selber glaubt.)

Durch Sie ist mir erst so recht das janusköpfige Wesen des Wortes "liberal" deutlich geworden. Zwar war es mir im politischen Liberalismus und auch in der liberalen Theologie schon immer mehr oder weniger verdächtig, aber alles in allem stand es für mich doch für Toleranz und Offenheit gegenüber den Rechten des anderen, was seine Unantastbarkeit unmittelbar einschließt. Für mich ist es eine totale Pervertierung dieses Gedankens, wenn man von außen her mit Sterbehilfe und Sterilisation in die Souveränität des einzelnen Individuums eingreift. Hier wird Liberalität auf Kosten anderer praktiziert – ein ganz und gar unhumanes Verhalten! Aus dieser Sicht erst gewinnt Ihre Billigung potentieller Schwangerschaften auch bei hilfs- und unterstützungsabhängigen Schwerstbehinderten ein gar nicht zu überschätzendes Gewicht einer ungewöhnlichen Achtung vor jedem Menschen. (Daß ich als selbst Betroffener an diesem Punkt erhebliche Bauchschmerzen habe, darauf komme ich noch.)

Zuerst aber zur Sterbehilfe. Oben sagte ich schon, ich spreche diesmal nur für mich, unabhängig von der Behinderung, ohne die ich andererseits wiederum keine persönliche Identität hätte. Erstens ist es ja sehr verräterisch, daß man sie auf Behinderung, Krankheit, Schwäche und Alter bezieht, wo es höchstens unabhängig hiervon um ein Phänomen möglicher menschlicher Freiheit gehen kann. Zweitens legt das Wort Sterbehilfe (mehr noch als das der verkleisternden Euthanasie) einen Eingriff von außen nahe, den man nicht energisch genug abwehren kann. Mein möglicher Sterbewunsch geht niemand etwas an, und ich habe auch kein Recht, jemanden um Mithilfe zu bitten, sollte ich einmal vom Leben genug haben. Jede Sterbehilfe ist unterlassene Hilfeleistung zum Weiterlebenkönnen eines anderen! Dieses kann gar nicht scharf genug postuliert werden, gerade wenn man davon ausgeht, daß es die individuelle Entscheidung eines Menschen sein kann, seiner Lebensmüdigkeit nachzugeben. Dabei spielt die primäre Behinderung am allerwenigsten eine Rolle. Es ist schon ein unerträglicher Zynismus, erst für den Behinderten unzumutbare Lebensbedingungen zu schaffen und dann daraus die Konsequenz einer Notwendigkeit für eine "humane" Sterbehilfe zu ziehen. Das nenne ich unterlassene Hilfeleistung, für die jeder zur Rechenschaft gezogen werden müßte. Statt für Sterbehilfe zu plädieren, gilt es für bessere Lebensbedingungen der Lebensmüden auf die Barrikaden zu gehen. Wenn ich mich dann anders entscheide, ist das allein meine Entscheidung – bei der ich dann allerdings auch nicht darum herumkomme, den an seinem Hilfswillen Scheiternden möglicherweise mit tiefen Schuldgefühlen zurückzulassen. Um diese Verantwortung wiederum kann sich auch der Lebensmüde nicht drücken. Seit einer abgründigen Lebenskrise vor Jahren weiß ich, wie verführerisch der Blick auf den Freitod sein kann. Ich würde ihn nicht mehr wie früher verurteilen, aber immer zu verhindern suchen. Das Buch von Jean Amery "Hand an sich legen" hat mich da sehr nachdenklich gemacht. Ich denke schon, daß es in Ausnahmefällen Menschen gibt, die einfach nicht mehr weiterleben können! Trotzdem bleibt es die Pflicht, ihnen beim Leben und nicht aktiv beim Sterben zu helfen – es sei denn, man begleitet sie in der aktuellen Sterbesituation (eine sehr schmerzliche Erfahrung, der häufig gerne aus dem Weg gegangen wird; den Giftbecher zu reichen, ist sehr viel einfacher).

Ich nehme mir also das Recht für einen möglichen Freitod und wende mich ganz strikt gegen jede Form der Sterbehilfe, die den Einsatz eines anderen Menschen fordert. Ich wehre mich dagegen, eine irritierte Umwelt von mir zu erlösen. Falls ich sterben will, dann nur auf Grund eigener Müdigkeit, und nicht, weil ich vielleicht als Behinderter anderen Menschen zur Last falle. Dieses zur Last fallen sehe ich sogar als Aufgabe des Behinderten an, damit den anderen immer wieder die Zerbrechlichkeit des Menschseins an sich zu Bewußtsein kommt. Das liegt eigentlich auch im Interesse des "Belästigten" selbst. Nur merkt er es meistens zu spät.

Es gilt, zwei Dinge auseinanderzuhalten: Meine individuelle Freiheit, aus eigenem Recht mein eigenes Leben nicht mehr ertragen zu können (einschließlich der Tragik eines vorzeitigen, auch anderen gegenüber schuldhaften Irrens) und daraus für mich die Konsequenz des endgültigen Endes zu ziehen (ohne einen anderen Menschen in meine nur mir gehörende Entscheidung zu verwickeln, indem ich mich seiner Unterstützung versichere); und die Erwartung von außen her, mir "helfen " zu lassen, meiner Existenz ohne Lebenswert ein Ende zu bereiten, um sich nicht den Kopf über eine sinnvolle, ausgefüllte Daseinsermöglichung zerbrechen zu müssen. Die Propagierung der Sterbehilfe wie auch das Vorhandensein mancher Anstalten und Heime (erfüllen sie nicht die Funktion vorläufiger Friedhöfe?) halte ich für ein Ergebnis der Denkfaulheit und der nicht zum Einfühlen fähigen Empfindungsstarre.

Es ist doch ziemlich aufschlußreich, wie hier plötzlich der sonst so intakte Projektionsmechanismus versagt. Er klappt recht gut, wenn es darum geht, "das Leiden eines Menschen irgendwann für so groß zu halten, daß man nicht mehr von einem menschenwürdigen und lebenswerten Leben sprechen könne". Die Projektion hört aber dort auf, wo es darum geht, mit wie vielen Fasern ein Mensch an seinem Leben hängt. Man will gar nicht erst wissen, ob es das vermutete Leid auch wirklich gibt; es wird einfach vorausgesetzt und über seine – endgültige – Beseitigung nachgedacht. Daß wir gar nicht das Leid des anderen meinen, sondern unser eigenes beim Anblick des vermuteten, das lassen wir gar nicht erst in unser Bewußtsein. Und noch viel weniger sind wir bereit, in einem tatsächlichen Leid ein Stück Lebensqualität zu sehen, die es bei aller Schwere ins Positive umzuwandeln gilt. Als jemand, der lebenslang zuweilen an einer schweren Depression trägt, weiß ich, wovon ich spreche. Das Leid ist ja eigentlich in jedem Dasein und man verdrängt es nicht ohne die Gefahr der lustlosen Oberflächlichkeit. Darum ist nicht Sterbehilfe angesagt, sondern Hilfe zum Leben – gerade auch mit allem Schweren.. Sterbehilfe ist einfach und das Gegenteil von Humanität. Sie ist nicht

Erlösung d e s anderen, sondern sie ist Erlösung v o m anderen, der mich in seiner von mir geschiedenen Lebensform beunruhigt. Dies kann gar nicht oft genug und deutlich genug gesagt werden! Den bequemen Ausweg mit der Sterbehilfe müssen wir uns ein für alle mal selber verbieten. Er ist eine Kapitulation vor unserer eigenen Schwäche. Sie hat nichts zu tun mit menschlicher Größe. Der Königsweg geht über mühevolles Hören auf den anderen, um Möglichkeiten zu finden, in denen er sein Leben zufriedenstellend einrichten kann.

Sie zitieren: "Zwar gehört das Leben mir, aber ich gehöre auch dem Leben". Vor einigen Jahren hätte ich den Satz noch voll unterschrieben. Nach einigen Erlebnissen völliger Dunkelheit und der Auseinandersetzung mit Jean Amery bin ich sehr viel vorsichtiger geworden. Ich schrieb schon davon. So energisch ich mich gegen jede Sterbehilfe wehre, so wenig vermag ich jemandem das Recht abzusprechen, das eigene Leben nicht mehr lebenswert zu finden. Das ist ganz unabhängig von einer primären Behinderung – ich sage das noch einmal. Aber nicht jeder hat den Heldenmut eines Arthur Schopenhauer, auch angesichts eines als sinnlos empfundenen Daseins weiterzuleben. Natürlich muß man versuchen, jeden todessüchtigen Menschen für das Leben wiederzugewinnen, aber ich vermute, es gibt Selbstmorde, für die man keinen anderen wegen unterlassener Hilfeleistung verantwortlich machen kann. Das Leben hat sich selber ausgelebt. Ich kann das nicht einmal als einen psychiatrischen Fall betrachten. Natürlich können Sie einen Lebensmüden zwingen, am Leben zu bleiben, indem Sie ihn ständig unter Kontrolle halten. Doch falls es Ihnen nicht gelingt, seine Lebensgeister anzuregen, müssen Sie ihn ständig verwahren. Stellen Sie sich vor: Jemand wie Jean Amery, ein Dauerpatient in der Psychiatrie ... Oder Joseph Roth als Nicht-Alkoholiker. (Wir sind uns ja sicher darin einig, daß hinter Alkohol gewaltiger Lebensüberdruß und Daseinsmüdigkeit steht.)

"Das Recht auf den eigenen Tod" kann ich mir nur nehmen, niemals jedoch als "soziale Reform" für einen anderen fordern, selbst wenn er mich darum bitten sollte. Ich bin vielmehr verpflichtet, zu versuchen, ihn vom vorzeitigen Sterben abzuhalten. Wenn ich schon nicht wissen kann, ob ich nicht zu schnell Hand an mich lege und mir

damit unwiederbringlich eine vielleicht noch befriedigende Lebenszeit verbaue, so darf ich erst recht nicht über das Dasein eines anderen verfügen. Weder ich noch der Andere werden jemals wissen können, ob er nicht doch noch zum Augenblick sagen wird: "Ach bleibe doch, du bist so schön." Wenn ich selbst diesen Augenblick versäume, so ist das tragisch; wenn ich aber den Anderen schuldhaft um diese Erfahrung bringe, so ist das schlichtweg verbrecherisch und auch nicht durch meine gut gemeinte Absicht zu entschuldigen. Darum können die Gesetze hier nicht hart genug sein. Es gibt keinen "Gnadentod" und keine "Erlösung". "Verhelfe" ich jemandem dazu, so ist das Mord – und Mord kann in keiner Gesellschaftsform auf die Dauer ohne Schaden für die einzelnen Mitglieder einer Gemeinschaft hingenommen werden. Denn bedroht von solch einer Sterbehilfe wären im Endeffekt alle, die irgendwann ihre Leistungsfähigkeit verlieren. Es ist eigentlich schwer begreiflich, weshalb dieser Zusammenhang fast nie gesehen wird. Im Grunde richtet sich doch jede Forderung nach aktiver Sterbehilfe gegen den Befürworter selbst.

Der Anspruch auf den eigenen Tod läßt sich nicht gesetzlich regeln, ebensowenig wie ich auch einer Frau die Berechtigung ihres Anspruches abwehren darf, nach dem sie selbst ein Verfügungsrecht über ihren empfangenden und gebärenden "Bauch" besitzt. Man kann gegen Abtreibung sein, wie auch gegen Selbstmord – und im Prinzip bin ich gegen beides – trotz des vorher Gesagten –, aber es verbietet sich von selbst, mit den Mitteln des Rechts oder gar Strafrechts eingreifen zu wollen. So lächerlich fromm sich das auch anhören mag: Hier ist allein eine überzeugende Ethik gefragt, die auf jede Zwangsmaßnahme verzichtet. Ich kann keine Frau zwingen, ihr unerwünschtes Kind auf die Welt zu bringen, auch wenn mir das Herz wegen dieses Angriffs auf die Schöpfungskräfte blutet; und ich kann keinen Menschen zwingen, auf der Welt zu bleiben, auch wenn er mich dadurch mit lebenslänglichen Schuldgefühlen zurückläßt. An dieser Stelle bin und bleibe ich hoffentlich unverbesserlicher Individualist – selbst wenn das so wenig zu meiner skeptisch-pessimistischen Grundstimmung paßt. Den Jahren in der Anstalt verdanke ich neben meiner Angst vor allem Neuen und der Furcht, verlassen zu werden, offensichtlich ein unbändiges, kaum zu stillendes Unabhän-

gigkeitsbedürfnis – eines der Paradoxe, mit denen ich lebe. So bewege ich mich einerseits auf unsicherem Boden, andererseits aber bekomme ich damit auch etwas von der Fülle möglichen Daseins zu spüren. Das ist nicht immer einfach, aber ich wünsche es mir trotzdem nicht anders.

Ich denke, nach allem bisher Gesagten bin ich alles andere als ein Verfechter der "Freigabe der Vernichtung lebensunwerten Lebens". Ganz im Gegenteil! Ob ich mein Leben lebensunwert finde, das kann ich bestenfalls nur allein bestimmen – niemand sonst! Von außen her gesehen gibt es gar nichts lebensunwertes. Diese Bestimmung ist nämlich ausschließlich an mein eigenes Erleben gebunden, das niemand anders in seiner Fülle nachvollziehen kann. Schon aus diesem Grund verbietet sich die Sterbehilfe. Alles andere ist nichts als Rentabilitätsdenken, das eines Tages mörderisch auf mich selbst zurückschlagen muß. Das hat wenig mit Recht auf Tod, aber viel mit Zwang zum Verschwinden zu tun. Das "Recht auf den eigenen Tod", den ich für einen anderen fordere (meinen selber brauche ich nicht zu fordern, weil ich ihn mir notfalls nehme), trägt immer den Brandgeruch des Abschiebens. Natürlich ist diese Forderung einfacher als das mühselige Ausprobieren von Lebensformen, die es Behinderten jeglicher Art und leistungsunfähigen Menschen in Krankheit und Alter ermöglichen, ein unsepariertes lebensbejahendes Dasein zu führen. Dafür muß man erst einmal über das Leben an sich und das Wesen des Menschen nachdenken. Man muß darauf kommen, daß menschliches Dasein aus sich heraus notwendigerweise unteilbar ist, zu dem also auch der allerschwerstbehinderte "Unansprechbare" gehört.

Unheilbarkeit kann kein Kriterium für Sterbehilfe oder sonst etwas sein. Man könnte sonst ebensogut eine krumme Nase oder etwas anderes, das einen am anderen stört, zum Anlaß für irgendwelche Zwangsmaßnahmen nehmen. Das ist nur scheinbar unlogisch. Denn erstens könnte jemand ja auch an seiner krummen Nase leiden, und zweitens ist das sogenannte "trostlose Leiden" immer die Unterstellung eines anderen, die vielleicht etwas mit mir zu tun haben kann, beileibe aber nichts zu tun haben muß. Mit dem Argument des "trostlosen Leidens" könnte man letztendlich die ganze Menschheit auslöschen. Auf das dumme Argument, der Behinderte müsse mehr leiden als andere, möchte ich nicht noch einmal eingehen. Es ist ein Urteil des Wegsehens, nicht des Hinsehens. Würde man hinsehen, käme einem so viel Lebensfreude und so viel Lebenserwartung vor Augen, daß man gar nicht anders könnte, als nach lebenserhaltenden Lösungen zu suchen – und sie ließen sich dann auch finden! Aber das würde persönlichen Einsatz und wirtschaftliche Mittel fordern. Beides scheut man; darum die bequeme Forderung nach "humaner" Sterbehilfe. Aber auch kein noch so kompetentes Ärztegremium hat die Kompetenz, darüber negativ oder positiv zu bestimmen, ob ich lebensmüde sein darf. Entweder ich bin es – dann nehme ich mir aus eigener Entscheidung das Recht, ohne jemand um Erlaubnis zu fragen – oder aber eine Sterbehilfe von außen festgelegt verbietet sich von vornherein. Nicht Sterbehilfe ist gefragt, sondern die ausschließliche Pflicht, einen erlahmten Lebenswillen ohne Zwangsmittel wieder anzuregen. Das Gebot heißt: Nicht sterben lassen, sondern das Leben lebenswerter machen!

Die Abwehr der Vermutung von Leid beim anderen als bloßem Vorurteil bedeutet nicht, daß es kein Leid gibt. Abgewehrt werden soll nur die automatische Gleichsetzung z.B. von Leid und Behinderung. Unübersehbar ist, daß Leid überhaupt abgewehrt wird – ganz gleich ob es sich um tatsächliches oder nur vorgestelltes (eingebildetes) Leid handelt. Diese Abwehr von Leid-Verdächtigem scheint mir zugleich eine unbeachtete und deshalb so gefährliche soziale Krankheit, die unweigerlich auch Rückwirkungen auf den einzelnen, individuellen Menschen haben muß, indem sie ihn mit dem Gift von Allmachtsgefühlen infiziert, die sich gegen ihn wenden, wenn eines Tages nach und nach das "Großartige" von ihm abfällt. Er wird gar nicht mehr anders können, als sich den Tod zu wünschen, weil er sozial schon längst tot ist – gestorben an der giftigen Atmosphäre des ausschließlichen Nützlichkeitsdenkens, die er zuvor mit vergiften half. Das hat nichts mit der unsinnigen Annahme zu tun, hier werde die Drohung eingesetzt: Wehe dir, auch du könntest eine Behinderung bekommen, mit Aids infiziert werden, mit Krebs danieder liegen oder was es noch mehr an dergleichen Hiobsbotschaften gibt. Nicht daß diese Drohungen gegenstandslos wären – aber man hat ja immer noch eine erhebliche Chance, "ungeschoren" davon zu kommen. Was aber bestimmt eintreten wird, ist die abnehmende Lebenskraft, Leistungsfähigkeit, die zunehmende seelische Verunsicherung, geistige Einschränkung, aufkommende Zweifel, Resignation, der Tod. Was soll eine nachwachsende Generation daran hindern, uns das "Abtreten " nahezulegen, nachdem wir dieses zuvor bei anderen praktizierten? Laufen wir nicht mit Scheuklappen herum, wenn wir selbstverständlich davon ausgehen, wir selbst blieben von dieser Konsequenz verschont? Wer wundert sich da eigentlich noch, wenn Menschen überzeugt sind, in diesem Irrenhaus könne man auf die Dauer nicht vernünftig leben? Mir gelingt es immer weniger! Bin ich darum ein Fall für den Psychiater?

Mit Ihrem "Gegenwert gegen den Grundwert der Selbstbestimmung" habe ich arge Schwierigkeiten. Das merke ich erst, nachdem ich Ihren Text "Euthanasie gestern – Sterbehilfe heute?" ein zweites Mal lese. Geben Sie damit nicht den Befürwortern der Sterbehilfe recht, die sich anmaßen, darüber zu entscheiden, ob ich "einen Grund" habe, zu sterben oder nicht zu sterben? Das können Sie doch nicht meinen? Natürlich ist es für Sie ärgerlich, wenn ich mir die Freiheit nehme "auszusteigen", weil ich "die Nase gestrichen voll habe" und natürlich wurmt es, wenn sich eine Frau auf "ihren" Bauch beruft bei der Entscheidung, werdendes Leben abzutreiben! Aber sollen wir wirklich äußeren "Gesetzgebern" (im weitesten Sinn) die Verfügungsgewalt darüber geben? Da streike ich ganz entschieden! Und ich vermute, Sie auch. Man kommt eben in eine arge Klemme, läßt man sich auf die Dinge des Lebens ein. Darum möchte ich auch ganz und gar nicht in der Haut eines Psychiaters stecken.

"Ein Leben mit zuviel Leiden habe keinen Wert mehr"? Wer so etwas behauptet, hat einfach vom Leben nichts begriffen. Selbstverständlich wünschte man sich manches leichter, durchschaubarer, weniger kompliziert. Aber wäre das Leben dann wirklich einfacher? Nein, es wäre eintöniger und darum viel weniger erträglich. Ich glaube an die mitleidigen Ärzte nicht, deren einziges Bestreben es sein soll, dies zu ändern. Wie jeder andere Mensch werden sie sich die

Auseinandersetzungen mit dem eventuell leidenden Anderen ersparen wollen, wie auch die Mühsal, auf wirksame Abhilfe zu sinnen, ohne zur Radikallösung Sterbehilfe zu greifen. Ich verstehe das, man soll diese Hilflosigkeit nicht mit einem wolkigen Humanismus vernebeln. Es fällt eben nicht auf die Patientin Hackethals zurück, wenn sie ihr krebszerfressenes Gesicht nicht mehr der Öffentlichkeit zumuten wollte – sondern auf diese "humane" Öffentlichkeit. Haben Sie Dank für diesen Hinweis und die Erinnerung an die wirksamen Schmerzmittel, die ein Menschenleben nicht zum Martyrium machen müssen. Ich erspare mir hier lieber einen Exkurs über anderes, das über manches hinweghilft und dennoch nur einseitig als Teufelswerk diffamiert wird – und den Benutzer erst recht.

Ich sehe auch in der Diskussion um die Sterbehilfe die gar nicht zu überschätzende Gefahr, daß hier Quellen angezapft werden, die nur darauf warten, endlich sich wieder ergießen zu dürfen. Die Euthanasie fiel ja ebensowenig vom Himmel wie die jetzige Sterbehilfe-Diskussion. Der mitleidsschwangere Menschenschoß wartet doch nur auf den warmen Regen, aus einem Himmel, der von Medizin, Ethik und Publizistik aufgeschlossen wird: "Der Herr Professor hat gesagt.."; "In der Zeitung stand geschrieben..". Kosten-Nutzen-Rechnungen tun dann noch das übrige. Wahrlich, die menschliche Vernunft hat es weit gebracht. Man möchte vor Begeisterung "Hurra" schreien...

Und ob die Menschen allein gelassen wurden, ehe sie um ihren Tod bitten! Es ist beschämend, daß man oft keine andere Antwort weiß, als dieser Bitte nachzukommen – und sei es auch nur mit zustimmenden Überlegungen. Wie schwer muß es sein, "die Kunst des bescheidenen Begleitens im Leben und Sterben zu lernen", um Sie zum wiederholten Male zu zitieren. Leider ist der Todestrank schneller gereicht – und er verursacht die geringsten Kosten.

Schade um unsere menschliche Freiheit, die wir mit allen Mitteln gesetzlicher Macht im Zaum halten müssen, damit sie kein Unheil anrichtet. Dabei geschieht so vieles aus gutem Willen.

Soweit meine monologischen Überlegungen zu Ihrem Thema "Eutha-

nasie gestern – Sterbehilfe heute?" Ich glaube, die Frage Ihrer Überschrift muß man glatt bejahen. Mich macht das sehr mutlos, da ich nicht sehe, wie sich das in Zukunft ändern soll. Man kann das Problem unter dem Gesetzesdeckel halten. Aber da wird es weitergären und eines Tages womöglich explodieren. Ein wenig zu kurz gekommen ist Ihr zwischen uns anscheinend strittiger ökologischer Ansatz: Das Leben gehört mir; ich gehöre dem Leben. Aber der Brief ist jetzt schon so lang, obwohl ich noch gar nichts zu Ihrem Thema "Sterilisation " geäußert habe, das es nicht weniger in sich hat.

Die beiden Komplexe Sterbehilfe und Sterilisation stehen ja eng beieinander. Beide haben zum Ziel, die Verbreitung von wirtschaftlich unbrauchbaren Behinderten einzudämmen und außerdem eine Quelle dauernder psychischer Beunruhigung auszuschalten, ganz zu schweigen von dem Wunsch, Zeit und physische Kraft zu sparen. Und mit der Rechtskonstruktion "nicht einwilligungsfähige Behinderte" könnte man jede "Sterbehilfe" begründen: Da dieser Mensch nicht weiß, was gut für ihn ist, müssen wir für ihn handeln und ihn ins himmlische Paradies schicken. (Klingt darin nicht verdächtig auch die "mangelnde Krankheitseinsicht" auf, mit der heute viele Mediziner ihr Vatergott-Spielchen treiben? Das könnte doch schon zur Verordnung des Giftbechers reichen. Da der Patient ja sowieso uneinsichtig ist, braucht man ihn eigentlich auch gar nicht erst zu fragen. (Schöne, bequeme Welt!) Es bleibt also bei meiner "Generalklausel": Jeder – nicht nur gewaltsame – Eingriff in Richtung Sterbehilfe oder Sterilisation unterliegt dem Strafgesetz, weil der Mißbrauch auch nicht nur annähernd auszuschließen ist. Ich würde mich nicht einmal auf Ihr Moratorium von zehn bis zwanzig Jahren als Denk- und Erfahrungspause einlassen, denn positive Elemente ließen sich immer finden, wenn man es absolut will, siehe beispielsweise Atom-und Gentechnik. Hinter dieser Schutzmauer kann ich jetzt mein unüberwindliches "Aber" anbringen ...

Zuvor noch eine Anmerkung. Es hat mich sehr beeindruckt, daß Sie sich selbst lieber unter den Druck des Gesetzgebers stellen wollen, als in Versuchung zu geraten, leichtfertig einen Menschen zu sterilisieren. Sie nehmen dafür nicht nur eine Probleme schaffende Schwanger-

schaft in Kauf, sondern Sie bestehen auch auf ihr als einem Rechtsgut, auf das selbst der hilfs- und unterstützungsbedürftige Behinderte einen Anspruch besitzt. Auch wenn ich da ganz und gar anderer Auffassung bin als Sie, verlangt es von mir uneingeschränkten Respekt, mit welch großem Ernst Sie das Daseinsrecht jedes Menschen mit allen seine Entfaltungen achten.

Oben sprach ich davon, daß ich eventuell frühere Aussagen von mir relativieren müsse. Ich meinte damit meine These, zumindest der "so geborene" Behinderte könne gar nicht anders, als seine Behinderung – also ein Teil "Zerstückelung" – als etwas selbstverständlich zu ihm Gehörendes nehmen. Darum habe ich bei Ernst Klee auch nie die große Aufregung wegen der Sterilisation verstanden. Mir schien sie nicht als ein wirksames Mittel der Geburtenkontrolle. Mit "Zerstückelung" brachte ich es niemals in Verbindung. Vermutlich habe ich da eine ganz andere Beziehung zu meinem Körper. Ich muß also akzeptieren, die Zeugungskraft bedeutet für viele eine existentielle Frage, für die mir einfach das Organ fehlt. Darum kann ich in dieser Angelegenheit ausschließlich für mich selbst sprechen, wenn ich feststelle, daß für mich Sterilisation keine Schwierigkeit bedeutet. Ich habe diese Schwierigkeiten für andere anzuerkennen, ohne sie nachempfinden zu können. Was mich dagegen an den Sterilisierungsmaßnahmen ungeheuer aufregte, war die Tatsache, daß sie ja nicht dem Behinderten eine angstfreie Sexualität ermöglichen wollten, sondern nur zu verhindern suchten, Folgen der "Triebhaftigkeit" des Behinderten ausbaden zu müssen. Mit Empörung lese ich bei Ernst Klee (DIE ZEIT v. 22.4.88) daß in heutigen Einrichtungen selbst sterilisierte Behinderte an der sexuellen Begegnung gehindert werden. Dieser Mißton bei der Sterilisierungsdebatte stört mich persönlich viel mehr, als der mechanische Eingriff. Aber bitte mißdeuten Sie das nicht: Wer die Sterilisation als Zerstörung seines Selbst erfährt, darf um Gottes Willen nicht zu diesem Eingriff gezwungen werden. Das sollte eigentlich selbstverständlich sein. Ich würde auch ebensowenig wie Sie einer Überzeugungsarbeit das Wort reden wollen. Wie schnell jemand auch gegen seine Überzeugung überzeugt werden kann, das wissen wir beide. Nur ist dann kein Widerruf mehr möglich.

Daß sich die ganze Sterilisationsfrage hauptsächlich am geistig Behinderten festmacht, ist aufschlußreich – und ist infam! Ich habe den Verdacht, daß es sich gar nicht in erster Linie um die Angst vor der unerwünschten Fruchtbarkeit des Behinderten handelt, sondern um die Angst vor diesen selbst. Das alles sieht nach ungeheurer Projektion aus. Denn die Tatsachen selber geben ja wenig her für die These, der Behinderte sei dauernd gefährdet, ungewollte Kinder in die Welt zu setzen. Aus meiner näheren Umwelt weiß ich, daß man dafür immer gerne Beispiele zur Hand hat – so die berühmte mehr lern- als geistig behinderte Frau auf dem Lande, die jedes Jahr ein Kind von einem anderen Mann bekommt – aber die Zahl der ungewollten Kinder ist doch verschwindend gering im Gegensatz zu denen, die bei nicht Behinderten geboren (und vielfach abgetrieben!) werden. (Übrigens würde ich nicht wagen, zu entscheiden, was gravierender ist für die Infragestellung humanen Daseins: Sterilisation oder Abtreibung.)

Der Behinderte hat wie jeder andere Mensch das Recht auf seine ungeschmälerte Identität. Und wenn das Bewußtsein seiner Zeugungsfähigkeit dazu gehört, dann darf ihm diese niemand nehmen – schon gar nicht mit dem Argument Nichteinwilligungsfähigkeit. An diesem Punkt komme ich mit mir selbst in unlösbare innere Konflikte. Mit wirklich allergrößtem Respekt habe ich in Ihrem Aufruf von der Forderung gelesen, daß Behinderte das Recht auf eigene Kinder in einem geschützten Raum bekommen sollten. Wohlgemerkt, wir sprechen hier von Behinderten, die nicht einmal für sich selbst aufkommen können und auch keinen Partner haben, der ihre Rolle mitübernimmt. Denn alles andere geht ja niemand etwas an. Ist nicht erst einmal die Sorge der Eltern verständlich, jetzt auch noch für die Enkel aufkommen zu müssen? Aber selbst, wenn diese Sorge fortfiele, weil es ein beschütztes Familiennest für Behinderte gibt, und wenn wir einmal die möglichen Folgen für das Kind außer acht lassen: Habe ich als Behinderter nicht auch eine Verpflichtung gegenüber der "Solidargemeinschaft", wie diese eine Verpflichtung mir gegenüber hat? – Lassen Sie mich bitte jetzt ganz allein für mich sprechen, ohne Gültigkeitsanspruch für andere und im Bewußtsein der Gefahr, mich zu irren. Ich werde damit nicht verhindern können, mich möglicherweise von den falschen Leuten als Zeuge mißbrauchen lassen zu müssen. Aber andererseits würde ich gegen meine Grundüberzeugung sprechen.

Als wirklich schwer behinderter Mensch, der nur mit allergrößten Schwierigkeiten ohne die Hilfe anderer den Alltag überstehen könnte, habe ich das Recht, ja die Pflicht, mich meiner Umwelt zuzumuten. Ich bin ein Teil des Ganzen im menschlichen Kosmos. Ich trage dazu bei, daß niemand vergißt, dieses Ganze zu sehen, wie ich auch von anderen mit ihrer eigenen Individualität darauf gestoßen werde, in ihnen einen Teil des Ganzen zu sehen, ohne den es den Menschen nicht gibt in seiner Totalität. Ich kann und muß also meinen Platz beanspruchen, mit allen Ansprüchen an ein menschenwürdiges Leben – selbst wenn es meine unbehinderte Frau nicht gäbe, die diese Aufgabe der Gemeinschaft weitgehend abnimmt. Durch meine in jeder Hinsicht selbständige Frau könnte mir auch niemand eigene Kinder verwehren. Dürften meine Frau und ich diesen Anspruch auf eigene Kinder auch erheben, wenn meine Frau ebenso hilflos wäre wie ich? Ich meine, nein! Wenn ich mich selbst auch guten Gewissens der Umwelt als "Belastung" zumuten darf – leichtfertig zusätzliche Belastungen schaffen darf ich nicht. Das schließt nicht aus, daß es dennoch zu unbeabsichtigten Schwangerschaften kommt. Hier die Gewichte "gerecht" auszubalancieren ist beinah unlösbar. Denn welch eine Verantwortung bürde ich da dem Behinderten auf angesichts hoher Wahrscheinlichkeit des Scheiterns.

Sie sehen, ich bin zwischen allen nur möglichen Einwänden und Zweifeln hin und her gerissen. Und nach diesem Brief an Sie ist mir noch klarer, weshalb ich bisher diesen Themen immer ausgewichen bin. So ist mir das Ganze unter der Hand auch mehr zu einer monologischen Vergewisserung meines hilflosen Nichtwissens geraten als zu einem Dialog mit Ihnen. Bitte verzeihen Sie.
Haben Sie Dank für Ihren Denkanstoß und seien Sie herzlichst gegrüßt von Ihrem

Fredi Saal
Mülheim/Ruhr, 23.4.88

11. Anmerkungen und Literatur

1. Levi, P.: Ist das ein Mensch? Erinnerungen an Ausschwitz, Frankfurt: Fischer 1979, S. 110 f.

2. a.a.O., S. 127

3. Horkheimer, M. u. Th. W. Adorno: Dialektik der Aufkärung, Frankfurt: Suhrkamp 1969

4. Dörner, K. u.a. (ed.): Der Krieg gegen die psychisch Kranken, Rehburg-Loccum: Psychiatrie-Verlag 1980

5. Levi, a.a.O., S. 178

6. Jonas, H.: Das Prinzip Verantwortung, Frankfurt: Suhrkamp 1984

7. Levi, a.a.O., S. 183. Primo Levi beschreibt in "Das periodische System" (München: Hanser, 1987, S. 236), wie er nach 1945 im Rahmen beruflicher Korrespondenz als Chemiker zufällig einen anderen leitenden Angestellten desjenigen chemischen Werkes wiederentdeckt, für das er als Ausschwitz-Häftling im Zuge des Programms "Vernichtung durch Arbeit" tätig sein mußte. Dieser teilt ihm auch mit, daß der Direktor Pannwitz 1946 an einem Hirntumor verstorben sei.

8. Seit Beginn der 80er Jahre gibt es den "Arbeitskreis zur Erforschung der NS-Euthanasie". Hier treffen sich zweimal im Jahr jeweils in einer anderen Einrichtung der Psychiatrie oder der Betreuung von geistig Behinderten vorwiegend psychiatrisch Tätige mit Historikern bis heute, um sich gegenseitig bei der institutionellen und persönlichen Selbstaufklärung zu helfen.

9. Dörner, K. (ed.): Fortschritte der Psychiatrie im Umgang mit Menschen. Wert und Verwertung des Menschen im 20. Jahrhundert. Rehburg-Loccum: Psychiatrie-Verlag 1984

10. Im 18. Jahrhundert hatte sich in England der Typ des work house, in Frankreich das Hôpital général, in manchen deutschen Staaten das Zuchthaus gebildet für Menschen aller Art, die mit den Mitteln der normalen aufgeklärten Erziehung nicht zur bürgerlichen Vernunft zu bringen waren, die also einer institutionellen Sondererziehung bedurften, teils auch mit dem Mittel der Arbeit in Manufakturbetrieben. – Die erste Generation von Konzentrationslagern der Nazis dienten als Mittel der Umerziehung einem vergleichbaren Zweck.

11. Bentham, J.: Panopticon; or the Inspection-House, Dublin 1791

12. Wendt, W. R.: Ökologie und soziale Arbeit, Stuttgart: Enke 1982; vgl. hierzu auch die Beiträge in: K. Dörner (ed.): Neue Praxis braucht neue Theorie. Ökologische und andere Denkansätze für gemeindepsychiatrisches Handeln. Gütersloh: Verlag Jakob van Hoddis 1986

13. Griesinger, W.: Die Pathologie und Therapie der psychischen Krankheiten, Stuttgart 1845, 2. Auflage 1861

14. Forel, A.: Der Weg zur Kultur, Leipzig: Anzengruber 1924, S. 126, S. 444f

15. Forel, A.: Die sexuelle Frage, München: Reinhard 1913. Auch hier wie auch sonst oft, wird eine verdinglichende, in diesem Fall verstümmelnde Maßnahme als humanitärer Akt der Befreiung der Minderwertigen verkauft, auch empfunden?

16. a.a.O., S. 593

17. Diese Aufzählung von Ereignissen der 90er Jahre ist entnommen und belegt in meinem Aufsatz "Nationalsozialismus und Lebensvernichtung" von 1967, abgedruckt in "Der Krieg gegen psychisch Kranke, a.a.O., S. 74 ff.

18. Binding, K. u. A. Hoche: Die Freigabe der Vernichtung lebens-

unwerten Lebens, Leipzig 1920. Im Begriff der “Freigabe“ spiegelt sich ein weiteres Mal das – diesmal fast schon heroische – Befreiungs-Pathos.

19. Siemen, H. L.: Menschen blieben auf der Strecke, Gütersloh: Verlag Jakob van Hoddis 1986

20. Simon, H.: Aktivere Krankenbehandlung in der Irrenanstalt, Nachdruck des Originals von 1929, Bonn: Psychiatrie-Verlag 1986

21. V. v. Weizsäcker hat eine solche medizinische Vernichtungslehre auch noch in seinem Nachkriegsbuch ‘Euthanasie‘ und “Menschenversuche“, Heidelberg 1947 diskutiert. Der ganzheitlich-funktionelle, psychosomatische Denkansatz scheint dies zu fordern.

22. Simon, H.: Minderwertigkeit und Fürsorge, Manuskript aus seinem in der Westfälischen Klinik befindlichen Nachlaß, geordnet und bearbeitet von Ch. Teller.

23. Das medizinische Sprachbild des “Operierens“ hat Ch. Teller weitergedacht: Wer operieren will, setzt vorher eine Anästhesie: Der Antisemitismus war ein hervorragendes Narkosemittel, um das Bewußtsein/Gewissen der werdenden Volksgemeinschaft unempfindlich zu machen, zu anästhesieren.

24. Arbeitskreis Geschichte Bethels: Lese-Texte zum Problemkreis “Eugenik, Sterilisation, Euthanasie“ , v. Bodelschwinghsche Anstalten, Bielefeld-Bethel 1983, S. 57-68

25. Gütt, A. , E. Rüdin, F. Ruttke: Kommentar zum Erbgesundheitsgesetz, München: Lehmann 1934, S. 5

26. Arbeitskreis Geschichte Bethels, a.a.O., S. 83-90

27. Claasen, E.: Ich, die Steri, Rehburg-Loccum: Psychiatrie-Verlag 1987

28. Jaroszewski, Z.: Die Vernichtung psychisch Kranker unter deutscher Besatzung, Sozialpsychiatr. Informationen, Jg. 12, H.71/72 1982, S. 6-17

29. R. J. Lifton hat den Begriff des "medizinischen Tötens" vor allem durch Gespräche mit NS-Ärzten entwickelt: The Nazi Doctors, Medical Killing and the Psychology of Genocide, New York: Basic Books 1986

30. Gedanken und Anregungen betr. die künftige Entwicklung der Psychiatrie vom 26.6.1943 gemäß Vereinbarung zwischen Prof. Rüdin/München, Prof. de Crinis/Berlin, Prof. C. Schneider/Heidelberg, Prof. Heinze/Görden, Prof. Nitsche/Berlin, abgedruckt in: Dörner (ed.): Fortschritte der Psychiatrie im Umgang mit Menschen, a.a.O., S. 211-216

31. Roth, K.H. u. G. Aly: Die Diskussion über die Legalisierung der nationalsozialistischen Anstaltsmorde in den Jahren 1938-1941, in: Recht & Psychiatrie, Heft 2 und 3, 1983, Rehburg-Loccum: Psychiatrie-Verlag

32. Ebbinghaus, A. u.a. (ed.): Heilen und Vernichten im Mustergau Hamburg, Hamburg: Konkret Literatur Verlag 1984

33. Peukert, D.: Volksgenossen und Gemeinschaftsfremde, Köln: Bund-Verlag 1982

34. Simon, a.a.O.

35. Es gibt Ausnahmen: Der Kinder- und Jugendpsychiater W. Catel hat auch nach dem Kriege in seinen Schriften sich zur Berechtigung des Tötens bekannt.

36. V.v. Weizsäcker, a.a.O.

37. Während die Organisatoren der Euthanasie-Mordaktionen ausschließlich Männer waren, befinden sich unter den wenigen zum

Tode verurteilten und hingerichteten unmittelbaren Tätern zwei Frauen.

38. teilweise abgedruckt in: K. Dörner (ed.): Gestern minderwertig – heute gleichwertig? Band 2, Gütersloh: Verlag Jakob van Hoddis 1986

39. Wir werden erst noch schmerzlich und mühsam zu lernen haben, daß auch Dement-Verwirrt-Sein eine Möglichkeit menschlichen Lebens darstellt. Für das Rollstuhl-Fahrer-Sein haben wir es schon ein wenig gelernt.

40. Weß, L.: Hans Wilhelm Jürgens, ein Repräsentant bundesdeutscher Bevölkerungswissenschaft, in: H. Kaupen-Haas (ed.): Der Griff nach der Bevölkerung. Aktualität und Kontinuität nazistischer Bevölkerungspolitik, Nördlingen 1986, S. 121-145

41. Dieser Zusammenhang ist gut dargestellt in: Schmacke, N.: Die Beschwörung von Lasten im Gesundheits- und Sozialwesen – ein Beitrag zur Kontinuitätsdebatte (Manuskript, im Druck)

42. Degkwitz, R.: Offener Brief an die Ärzte der Bundesrepublik Deutschland, in: Spektrum der Psychiatrie und Nervenheilkunde, 17. Jg., H. 1, S .3-4

43. Habermas, J.: Der Marsch durch die Institutionen hat auch die CDU erreicht, in: Frankfurter Rundschau vom 11.3.1988, S. 11

44. Dokumentation dieser Kampagne: K. Dörner (ed.): Gestern minderwertig – heute gleichwertig? Folgen der Gütersloher Resolution, Gütersloh: Verlag Jakob van Hoddis, Bd. 1, 1985, Bd. 2, 1986

45. Zu diesem Abschnitt: K. Dörner (ed.): Lebenslänglich arbeitslos, weil minderwertig, Gütersloh: Verlag Jakob van Hoddis 1986

46. Dörner, K.: Euthanasie gestern – Sterbehilfe heute? Deutsches

Ärzteblatt, 84. Jg., H. 48, 1987, S. 3286-90. Dieser Aufsatz hat große, fast nur zustimmende Resonanz gefunden. Tenor: Da verhält sich endlich einer nicht mehr "taktisch-opportun" dem Zeitgeist gegenüber und spricht aus, was wir bisher nur zu denken gewagt hatten.

47. a.a.O., S. 3290

48. Sinngemäße Diskussionsbemerkung des Frankfurter Kardiologen, Prof. Kaltenbach, nach einem Vortrag im Frankfurter Universitäts-Klinikum am 20.4.1988

49. Zum ökologischen Denkansatz: K. Dörner (ed.): Neue Praxis braucht neue Theorie, a.a.O.

50. Informationen über den Stand der Hospiz-Bewegung in der BRD bei der Geschäftsstelle der "Deutschen Hospizhilfe": Renate Wiedemann, Reit 25, 2110 Buchholz, gegen Vorauszahlung von 10,--DM

51. W. Wolfensberger hat 1987 ein Buch veröffentlicht über den neuen Genozid an Behinderten, über den Zusammenhang von gesellschaftlicher Entwertung und "deathmaking", besonders in den USA: "The new genocide of handicapped and afflicted people" , zu beziehen über: Syracuse University Training Institute, 805 South Crouse Avenue, Syracuse, NY 13244-12280 USA

52. hierzu H. Reis: Sterilisation einsichtsunfähiger Menschen aus verfassungsrechtlicher Sicht, in: TH. Neuer-Miebach u.a. (ed.): Schwangerschaftsverhütung bei Menschen mit geistiger Behinderung – notwendig, möglich, erlaubt? Bd. 18, Große Schriftenreihe der Lebenshilfe, Marburg 1987, S. 150-168

53. hierzu in dem eben unter 52. zitierten Band mein Aufsatz: Was unterscheidet die heutigen Überlegungen zur Sterilisation von Menschen mit geistiger Behinderung von der Zwangssterilisation der NS-Zeit? a.a.O., S. 39-53

54. Der 91. Deutsche Ärztetag, das "Parlament der Ärzte" hat am 11.5.1988 in Frankfurt mit der denkbar knappen Mehrheit von 107 gegen 99 Stimmen sich gegen ein totales Verbot der "verbrauchenden Forschung" an menschlichen Embryonen und für ein "grundsätzliches" Verbot mit strengen Ausnahmen ausgesprochen. Aufregend daran ist der Umstand, daß eine Frage, die vor 10 Jahren noch eindeutig zugunsten der Forschungsfreiheit entschieden worden wäre, heute zwei, etwa gleichstarke Lager zustandebringt. In dieser Frage sind die zwei, von mir genannten Ethiken ungefähr im Gleichgewicht. Was hat diese Haltungsänderung bewirkt?

55. H. Jonas, a.a.O. , S. 91

56. Sartre, J.-P.: Saint Genet, Komödiant und Märtyrer, Reinbek: Rowohlt 1982

57. a.a.O., S. 910

58. Dörner, K.: Über die Randständigkeit des Menschen, in: T. König (ed.): Sartre, ein Kongreß, Reinbek: Rowohlt 1988, S. 451-460

12. Erster Anhang August 1989: "Eine auf Mitleid allein gegründete Ethik ist etwas sehr Fragwürdiges; was sich da auftut für eine Gewöhung an die Praxis des Tötens, ist unabsehbar." (Hans Jonas)

Schon nach knapp einem Jahr war eine neue Auflage von"Tödliches Mitleid" notwendig. Der vielleicht wichtigste Grund dafür: in diesem kurzen Zeitraum haben sich die Praxisfelder des Pannwitz-Blickes und des tödlichen Mitleids erheblich ausgeweitet. Ich nenne einige Beispiele:

1. Die systematische Arbeitslosigkeit der Behinderten und der anderen Gruppen der "Sozialen Frage" hat sich weiter zementiert – nach dem Motto: bessere und mehr Arbeit für die leistungsfähigeren Menschen, schlechtere, weniger oder gar keine Arbeit für die weniger leistungsfähigen Menschen. Die Erkenntnis dämmert, daß in einer Gesellschaft ohne Recht auf Arbeit auch das Recht auf Leben leicht fragwürdig werden kann. Seit die osteuropäischen Länder auf die Marktwirtschaft und ihre Ethik setzen, fordern z. B. die sowjetischen Gewerkschaften selbst die Abschaffung des Rechtes auf Arbeit und die Freisetzung von zunächst 16.000.000 Arbeitnehmern in den Status von Arbeitslosen. Sie nennen solche Menschen jetzt "Faulpelze" – wir wissen, welche Gruppen der Gesellschaft sie damit meinen.

2. Zur Arbeitsnot ist schlagartig die Wohnungsnot hinzu gekommen. Seit der Volkszählung wissen wir, daß es in der Bundesrepublik 500.000 leer stehende Wohnungen und 200.000 nur gelegentlich benutzte Zweitwohnungen gibt, daß 20 % bis 40 % der Haushalte Ein-Personen-Haushalte sind, unsere Atomisierung also fortschreitet, und daß der Wohnraum des einzelnen Bundesbürgers sich in den letzten Jahrzehnten durchschnittlich verdoppelt hat. Es dämmert die Erkenntnis, daß in einer Gesellschaft ohne Recht auf Wohnung die leistungsfähigeren Menschen sich nach ihrem Wohnraum und damit Lebensraum ständig verbessern, während die Behinderten und die anderen Gruppen der Sozialen Frage auch in dieser Hinsicht der sozialen Entwertung anheim fallen können. Der vermehrte Zuzug von Menschen aus anderen Ländern in die BRD hat daran nur geringen Anteil,

weshalb die erstaunlich schnelle Erkärung der Wahlsiege der rechtsradikalen "Republikaner" durch die Ausländerfeindlichkeit und die Wohnungsnot nur teilweise berechtigt, zum anderen Teil eine Ablenkung nach dem Sündenbock-Mechanismus darstellt.

3. Erst in Wuppertal, dann in Wien wurde die Tötung oder Ermordung vieler älterer Menschen in den Krankenhäusern durch Krankenpflegekräfte bekannt. Hier begegnen wir besonders offen dem vorgeschobenen oder wirklichen Motiv des Mitleids, dem nunmehr unmittelbaren und wirklichen "tödlichen Mitleid". Alle sind sich einig, daß dies nur die Spitze eines Eisbergs ist. Der Pflegenotstand, also die Entwicklung, daß ich als Krankenschwester oder Krankenpfleger eine immer kränkere und leidendere Auswahl von Patienten in immer kürzerer Zeit mit immer technisierteren Methoden zu pflegen habe, wirkt sich in den Krankehäusern so aus, daß ich immer öfter eine solche Konzentration des Leidens nicht mehr aushalte und mir der Gedanke kommt, den Leidenden zu einem Erlösungstod zu verhelfen. Dies um so mehr, als mir von den gesellschaftlichen Instanzen her immer mehr eingeredet wird, daß Leiden vermeidbar sei, eigentlich nicht zum Leben des Menschen gehöre und daß der leidensfreie Mensch und die leidensfreie Gesellschaft machbar seien. Folge: die Staatsanwälte und Richter haben darüber nachzudenken, ob das vorgebrachte Motiv des Mitleids nicht in Wirklichkeit Selbstmitleid sei, wodurch die Tötungshandlung der "Heimtücke" und anderen "niederen Beweggründen" zuzuschreiben und als Mord zu bewerten sei.

4. Im Sommer 1989 wurde der australische "Bio-Ethiker" (schreckliche Wortbildung!) Peter Singer von der "Lebenshilfe" in Marburg und von Behinderten-Pädagogen in Dortmund erst ein- und dann wieder ausgeladen, nachdem einige Behinderten-Gruppen und die "Deutsche Gesellschaft für Soziale Psychiatrie" Protest eingelegt hatten. Singer, der zumindest in der westlichen Welt viel Beachtung findet, hält die Tötung von Embryonen, Neugeborenen, Säuglingen und älteren Menschen für erlaubt oder ethisch gar geboten, solange sie sich noch nicht oder nicht mehr durch Fähigkeiten wie Intelligenz, Selbstbewußtsein und Zeitbewußtsein als "Person" qualifizieren, weil ein weniger behinderter Mensch wünschenswerter und damit lebenswerter sei als ein

mehr behinderter Mensch. Er nennt dieses Konkurrenzprinzip, nach dem ja auch die freie Marktwirtschaft funktioniert und das daher vermutlich mehrheitsfähig ist, "Präferenz-Utilitarismus", geht von dem Denkfehler aus, daß es ein isoliertes Individium überhaupt geben könne, während doch jeder Mensch schon von der Konzeption an auf andere verwiesen ist, für andere Bedeutung hat.

Der Leser dieses Buches weiß, daß Singer damit die Mentalität des Pannwitz-Blickes, die Linie Jost, Forel, Binding und Hoche, Nazi-Kindereuthanasie und Nazi-Euthanasiegesetz aufnimmt. Die Ausladung Singer, wesentlich verursacht dadurch, daß immer mehr Körperbehinderte wie Franz Christoph, Udo Sierk und Fredi Saal sich verantwortlich fühlen, öffentlich auch für die Interessen von geistig und psychisch Behinderten zu sprechen, hat die "Lebenshilfe" in eine ethische Krise gestürzt. Ihr wird jetzt von ihren westlichen Partnern mangelnde Toleranz vorgeworfen; Motto: sind die Deutschen jetzt schon wieder so weit, daß sie nicht mehr über alles zu diskutieren bereit sind? Aber auch die Redaktion der "Zeit" hat jetzt ihre ethische Krise, denkt seither auch öffentlich darüber nach, ob ihr Euthanasie- und Mitleids-Liberalismus schon die ganze Wahrheit sei. Dieser Diskussion ("Zeit" vom 25.08.89) verdanke ich auch das Zitat des Philosophen Hans Jonas, mit dem ich diesen Anhang überschrieben habe.

5. Inzwischen ist aber auch die "Deutsche Hospizhilfe" gegründet, die die erfreulich schnell wachsende Hospiz-Bewegung in der BRD fördern will. (Material zu beziehen über Renate Wiedemann, Reit 25, 2110 Buchholz.) Innerhalb weniger Jahre gibt es nun schon ungefähr 300 Initiativen in der BRD, in denen sich – jeweils auf lokaler Ebene – Menschen sammeln, die bereit sind, sterbende Menschen in ihren Wohnungen zu begleiten, ihre Familien zu unterstützen und Menschen einen Ort zum begleiteten Sterben außerhalb von Krankenhäusern zu schaffen, wenn es ihnen an geeigneten eigenen vier Wänden fehlt. Ich bin sicher, daß die Hospiz-Bewegung die Suizid- und Euthanasie-Begeisterung der "Deutschen Gesellschaft für humanes Sterben" und die an Singer erinnernde Mentalität ihres Präsidenten Atrott allmählich überflüssig machen wird.

6. In unserem Verlag Jakob van Hoddis, der im Rahmen unserer Selbsthilfe-Firmen ebenfalls Arbeitsplätze für psychiatrische Ex-Patienten schafft , bereiten wir für 1990 die Übersetzung eines Buches des großen alten Mannes der Behinderten-Ethik, Wolf Wolfensberger, vor - mit dem zunächst auf die USA bezogenen Titel: "Der neue Genozid (Völkermord) an den behinderten und leidenden Menschen". Die an diesen Beispielen erkennbare Entwicklung der jüngsten Zeit macht es immer notwendiger, dem offensichtlich lebensgefährlichen Bedeutungswandel des Motivs und des Begriffs "Mitleid " in jedem von uns und in unserer Gesellschaft auf die Spur zu kommen. Hierzu abschließend diejenige Hilfe, die uns das Grimm'sche Wörterbuch bietet: das Wort "mitleiden" wurde ursprünglich mehr als aktive Tätigkeit begriffen, im Sinne von "gemeinschaftlich leiden", "Leiden teilen". Vor allem während des 19. Jahrhunderts wird diese Bedeutung immer blasser, das Wort wird mehr als Substantiv gebraucht und bezeichnet zunehmend die "Teilnahme an fremdem Leiden in der eigenen Empfindung", den "Besitz eines Gefühls, das man hat". Auf diesem Wege gerät das Gemeinschaftliche des Leidens immer mehr in Vergessenheit. Man hat mit dem ursprünglichen Partner des Mit-leidens immer weniger zu tun. Mitleid wird zu dem "niedrigen Beweggrund" des Selbstmitleids, weil man das jeweilige Leiden für sich selbst immer unerträglicher und damit untragbarer findet, obwohl die Möglichkeiten der Schmerzbekämpfung ständig besser werden. So geraten wir, ohne es selbst recht zu merken, zunehmen in die Gefahr, menschliches Leiden irgendwie weghaben oder wegmachen zu wollen.

wahnsinnig poetisch –

Gedichte vom Sinn des Wahns

Hrsg.: Joachim Rönneper

Der junge Lyriker Joachim Rönneper legt hier eine Sammlung von Gedichten der bedeutendsten Lyriker der letzten 150 Jahre von Heine über Rilke und van Hoddis bis Fuchs vor, die um das Ver-rücken und Wahn-sinnen kreisen. Wozu die psychiatrischen Wissenschaftler allenfalls jetzt erst unterwegs sind, das haben die Dichter immer schon gesehen und gespürt: Wahn hat immer einen – oft auch schrecklichen – Sinn.

Es scheint ja heute möglich zu werden, daß Wissenschaftler und Praktiker von Dichtern lernen mögen. Hier ist eine Chance. Verblüffend übrigens die zahlreichen Querverbindungen zu Jakob van Hoddis.

Tristitia ante –

Geahnte Finsternis

Zu Leben und Werk
des Dichters Jakob van Hoddis
1887 – 1987

Hrsg.: Jürgen Seim

Zum 100. Geburtstag von Jakob van Hoddis am 16. Mai 1987 macht der Essay-Band diesen Wegbereiter des literarischen Expressionismus einer breiteren Öffentlichkeit bekannt. Der Titel deutet an, daß van Hoddis in seinen Gedichten und Texten noch vor dem I. Weltkrieg alle "Weltenden", alles Grauen und Lichterverlöschen des 20. Jahrhunderts bis heute und morgen vorwegzunehmen vermochte – um einen hohen Preis.

Das Buch enthält Beiträge des Hoddis-Biographen Helmut Hornbogen, des Psychiaters Klaus Dörner (biographisch-systematisch), der Germanistin Sybille Penkert, die sich schon um die Wiederentdeckung des Expressionisten Carl Einstein verdient gemacht hat, und des unter anderem durch Beiträge zum Behindertenproblem bekannten Theologen Jürgen Seim.